KB067685

외국인 유학생을 위한
슬기로운 한국생활

International Students' Guide to Living Wisely in Korea

이현주

박영사

목차

01

휴대폰은
어떻게 개통해요?

공항에서 / 휴대폰 개통 / 휴대폰 요금제

학습 목표

1. 한국에서 휴대폰을 개통하는 방법을 알 수 있다.
2. 한국의 휴대폰 요금제에 대해 알 수 있다.

01 휴대폰은 어떻게 개통해요?

 공항에서

오늘은 미국에 있는 제시가 한국으로 교환학생을 오는 날이다. 우리는 일 년 동안 온라인에서 언어 교환을 했지만 실제로 만나는 것은 이번이 처음이다. 나는 설레는 마음으로 공항에서 제시를 기다렸다.

제시 : 안녕~ 민희야! 정말 반가워. 공항에 와 줘서 고마워.

민희 : 제시~ 이렇게 보니까 정말 좋다. 비행시간이 길어서 힘들었지?

제시 : 괜찮아. 그런데 잘 도착했다고 부모님한테 연락해야 해.

민희 : 공항에는 와이파이(Wi-Fi)가 있으니까 그걸 먼저 사용해.

제시 : 알았어. 잠깐만. 부모님에게 메시지를 보냈어.

그런데 한국에서 계속 휴대폰을 사용하고 싶은데 공항에서 유심(USIM)을 사면 될까?

민희 : 그건 여행하는 사람이나 단기 체류자에게 더 좋아.

제시 : 그럼 학교에 와이파이가 있으니까 그걸로 생활해도 될까?

민희 : 너는 한국에서 일 년 동안 살 거니까 한국 번호가 있는 게 더 좋을 거야. 학교에서
　　　오는 문자 메시지도 받아야 하고 한국 웹 사이트(website)나 은행, 모바일 앱(mobile
　　　app)은 보통 휴대폰으로 인증을 받거든.

제시 : 그렇구나. 그럼 한국에서 휴대폰을 어떻게 사용하지?

민희 : 대리점에 가서 한국 번호로 개통해달라고 해보자!

제시 : 휴대폰 개통?

민희 : 그래. 한국에서는 휴대폰을 사용할 수 있게 하는 것을 개통이라고 해.
　　　그리고 그 업무는 대리점에서 하는데 외국어 서비스가 가능한 곳도 있어.

제시 : 좋아! 그럼 기숙사에 짐을 풀고 대리점으로 가 보자!

더 알아보기 1

요금제

선불 요금제

사용할 만큼 통신비를 먼저 충전해서 사용하는 요금제도입니다. 약정이 필요하지
않습니다. 요금은 사용하는 요금제별로 다르며, 통화나 데이터 사용량에 따라 금액이
차감됩니다.

후불 요금제

서비스(service)를 사용한 후, 1개월마다 사용량을 계산하여 그 금액만큼 결제합니다.
매월 1일부터 마지막 날까지 사용하고 그 요금을 다음 달에 냅니다.

대화 2 휴대폰 개통

제시는 여권과 휴대폰을 가지고 민희와 함께 대리점으로 갔다. 한국의 휴대폰 통신사는 모두 3개로 SK, KT, LG가 있다. 그중에서 학교와 가까운 곳을 방문했다.

직원 : 어서 오세요. 어떻게 오셨어요?

민희 : 제 외국인 친구가 휴대폰 개통을 하고 싶어 하는데요.
어제 입국해서 지금은 여권만 있어요.

직원 : 여권만 있으면 선불제 요금을 사용해야 해요. 선불제는 결제한 금액만큼 사용하는
것이에요. 선불제 요금 종류는 여기 있어요.

제시 : 선불제도 요금 종류가 아주 많네요. 어떤 요금이 더 좋을지 잘 모르겠는데요.
혹시 한 달 동안 사용한 후에 요금을 낼 수 있어요?

직원 : 그건 후불제 요금인데요. 후불제는 외국인등록증이 있어야 개통할 수 있어요.
그리고 후불제 요금을 개통할 때는 한국에서 만든 통장이 필요해요.

민희 : 지금은 외국인등록증이 없으니까 선불제 요금을 쓰다가 후불제로 변경하는 것이
좋겠다.

제시 : 그래. 학교에서 2주 뒤에 외국인등록증이 나온다고 했으니까 우선 제일 싼 선불제로 할게.
저기요. 이걸로 할게요.

직원 : 네. 잠깐만요. (잠시 뒤) 개통되었습니다.

제시 : 이렇게 빨리요?

직원 : 외국인등록증이 나오면 후불제로 변경하러 다시 오세요. 혹시 사용하다가 문제가
생기면 대리점에 직접 와도 되고 전화로 문의하셔도 됩니다. 여기 문의 번호를 알려
드릴게요.

제시 : 네. 감사합니다.

외국인 고객 서비스

SK telecom
(에스케이 텔레콤)

☎ SK 텔레콤
사용자 전화에서 114
www.tworld.co.kr

영어, 중국어, 일본어 등
외국어 서비스 이용 가능

KT (케이티)

☎ 080-448-0010
https://m.help.kt.com

영어, 중국어, 베트남어,
러시아어 등 상담 가능

LG U+ (엘지 유플러스)

☎ 080-851-1004

https://www.lguplus.com

영어, 중국어, 베트남어
상담 가능

대화 3 휴대폰 요금제

약 3주 뒤

제시는 민희를 다시 만났다.

제시 : 민희야~ 나 외국인등록증도 받았고 학교 은행에서 통장하고 은행 카드도 만들었어!

민희 : 우와. 그동안 많은 일을 했구나. 이제 한국 생활이 조금 더 편하겠다. 그럼 핸드폰은?

제시 : 안 그래도 그걸 물어보려고 했어. 기숙사 친구한테 들으니까 휴대폰 개통이 조금 복잡한 것 같았어.

민희 : 그럼 내가 쉽게 설명해 줄게. 우선 한국 휴대폰은 약정제야.

제시 : 약정? 그게 뭐야?

민희 : 약속한 기간만큼 휴대폰을 사용하는 거지. 보통 2년 계약을 가장 많이 하고 짧으면 1년, 길면 3년 동안 계약을 해. 계약 기간 전에 해지하면 위약금이 발생하기도 해.

제시 : 아! 휴대폰 사용 기간을 계약하는 거구나.

민희 : 그리고 데이터(data)를 많이 사용하는지, 통화나 문자를 많이 사용하는지에 따라서 요금이 달라. 요즘은 데이터를 무제한으로 사용하는 요금이 가장 인기가 있지만 그건 좀 비싼 편이야.

제시 : 나는 대중교통 탈 때 동영상을 많이 보니까 데이터 무제한이면 좋겠어. 그런데 약정을 하면 뭐가 좋아?

민희 : 약정제를 사용하면 여러 가지 혜택이 있어. 휴대폰 요금을 할인해 주기도 하고 일 년 동안 쓸 수 있는 포인트를 주는데 그걸로 영화관, 식당 등에서 할인받을 수 있어.

제시 : 좋다. 그런데 요금이 좀 비쌀 것 같아. 조금 더 싸게 하는 방법이 있어?

민희 : 요금을 더 싸게 이용하려면 가족끼리 같은 통신사를 써서 할인을 받거나 집 인터넷을 연결해서 사용하는 방법이 있어. 그런데 너는 지금 기숙사에 살고 있으니까…

제시 : 응, 나는 교환학생이니까 일 년 동안 기숙사에 살 생각이야.

민희 : 그럼 알뜰폰은 어때? 알뜰폰은 포인트 혜택 같은 것은 없지만 요금이 일반

통신사보다 저렴해. 그리고 외국인등록증 체류 기간이 6개월 이상 남아 있으면 가입할 수 있대.

제시 : 그래? 그럼 알뜰폰도 알아봐야겠다. 고마워.

더 알아보기 3

알뜰폰

알뜰폰은 기존의 이동통신사망을 빌려서 자체 브랜드로 통신서비스를 제공하는 것을 말합니다. 우체국에 직접 방문해서 유심을 사서 개통할 수도 있고 편의점에서 유심칩을 구매해서 사용할 수도 있습니다. 알뜰폰은 요금이 저렴하다는 장점이 있지만 본인이 직접 개통해야 한다는 번거로움이 있습니다. 외국인은 외국인등록증 기간이 6개월 이상 남아 있어야 하고 본인 이름으로 된 한국의 은행 계좌나 체크카드로 결제 등록을 해야 합니다. 이때는 가입비와 유심비가 별도로 발생할 수 있습니다.

새로운 단어

단기	체류하다	인증	대리점
개통	요금제	통신비	충전
약정	차감	사용량	결제
계약	해지	위약금	무제한
혜택	할인	포인트	저렴하다
이동통신사망	자체	번거롭다	별도

알아두면 도움 되는 정보
외국인 생활 안내

외국인종합안내센터 http://www.hikorea.go.kr	한국 정부에서 운영하는 기관으로 한국 생활 적응에 필요한 상담과 정보 안내. * 전화 상담 운영 시간 09:00~18:00 ☎ 1345
한국 유학안내시스템 http://www.studykorea.go.kr	국립국제교육원에서 운영. 한국 유학에 대한 정보와 생활에 대한 소개. * '온라인 상담' 게시판에서 상담 가능

MEMO

02

은행 통장을
만들어야 해요

은행 통장 만들기 / 외국인등록증이란?

학습 목표

1. 외국인등록증에 대해 안다.
2. 한국에서 은행 통장을 만들 수 있다.

02 은행 통장을 만들어야 해요

 은행 통장 만들기

제시의 일기

　　출입국관리소에 간 지 2주 만에 외국인등록증을 발급받았다. 한국에서는 은행 통장을 만들 때 여권만 있는 것보다 외국인등록증도 있는 것이 더 좋다고 해서 외국인등록증을 찾은 후에 은행으로 갔다. 학교 안에 있는 은행은 교환학생이나 유학생들이 많이 방문해서 외국인 학생들이 통장을 만들기가 쉽다고 한다. 또 학교에는 같은 은행 ATM이 있어서 돈을 찾는 것도 쉽다. 은행에 가니까 직원이 통장을 만드는 이유를 물어본다. 그리고 여권과 신분증, 재학증명서를 달라고 했다. 재학증명서는 국제교류센터 선생님에게 부탁해서 미리 준비해두었다. 나는 간단하게 입금과 출금을 할 수 있는 입출금 통장을 만들었다. 만약 고향에 있는 부모님에게 송금을 받고 싶다면 따로 외국 돈을 송금 받을 수 있는 통장을 신청해야 한다고 한다. 나는 통장을 만들 때 체크카드도 함께 만들었다. 체크카드가 있으면 물건을 살 때도 편하고 돈을 찾기도 쉽다. 무엇보다 체크카드는 교통카드 기능이 있어서 후불제 교통카드로도 사용할 수 있다. 요즘은 한국에서 외국인도 은행에 직접 가지 않고 모바일 앱으로 통장을 만들 수 있다고 한다. 다음에 다른 통장이 더 필요하면 만들어 봐야겠다.

한국에서 90일을 넘게 체류하는 외국인은 외국인 등록을 하고 외국인등록증을 받아야 한다. 외국인등록증은 한국에서 신분증으로 사용할 수 있고 각종 서류를 발급받거나 은행, 병원 등의 공공기관을 이용할 때 반드시 필요하다. 외국인 등록 신청은 본인이 직접 할 수도 있고 다른 사람이 대신할 수도 있다. 유학생이나 어학연수로 외국인 등록증을 신청할 때는 여권, 사진, 재학증명서, 수수료(3만원) 등이 필요하다. 외국인등록증은 신청한 후 보통 2~3주 뒤에 받을 수 있다. 만약 한국에 거주하는 동안 이름, 성별, 국적, 여권번호, 여권발급일자, 여권 유효기간, 주소에 변경 사항이 있을 때는 14일 안에 변경 신고를 해야 한다. 또 외국인등록증이 손상되거나 분실되었을 경우에도 출입국관리사무소를 방문해서 재발급을 받아야 한다.

출처: 국가법령정보센터

출처: 법무부

법무부 출입국·외국인정책본부	출입국사무소 방문 예약	외국인 종합 안내센터
www.immigration.go.kr	Hikorea.go.kr	☎1345 (외국인 생활, 상담 안내)

비자(VISA) 종류	체류기간			
	91일 이상	유학	D-2	대학생, 대학원생, 교환학생
	91일 이상 (유학 / 일반연수 통합)	어학연수	D-4	대학 부설 어학원에서 한국어 연수
	90일 이하	단기방문	C-3	일반연수, 학술자료수집 등

PAY(간편결제)

한국에서도 PAY, 즉 간편결제를 사용하는 사람들이 더 많아지고 있습니다. 간편결제가 있으면 모바일 앱으로 쇼핑도 할 수 있고 현금을 들고 다니지 않아도 어디서든지 계산할 수 있습니다. 한국에서 많이 사용하는 간편 결제로는 네이버 페이(Naver Pay), 카카오페이(Kakao Pay), 삼성페이(Samsung Pay), 페이코(PAYCO), 애플페이(Apple Pay) 등이 있습니다.

더 알아보기 2

주의할 점

외국인 유학생은 한국에서 생활하면서 자신의 통장이나 신분증을 다른 사람에게 빌려주면 절대 안 됩니다. 만약 자신의 통장이 범죄에 사용되었으면 유학생도 함께 처벌을 받을 수 있습니다. 환전을 할 때도 안전한 곳인지 먼저 확인하고 하는 것이 좋습니다. 또 아르바이트를 할 때 회사에서 돈을 대신 찾거나 받아오라고 하면 불법인지 의심해야 합니다. 범죄를 도와주는 것도 죄가 되고 이것은 나중에 비자에 문제가 생길 수도 있습니다. 그리고 한국에서 완전히 출국할 때는 휴대 전화를 해지하는 것이 좋습니다. 자신의 핸드폰 번호가 범죄에 사용될 수도 있기 때문입니다.

새로운 단어

신분증	국제교류센터	입금	출금
송금	신청하다	체크카드	교통카드
기능	공공기관	본인	대신(하다)
어학연수	재학증명서	수수료	성별
국적	발급일자	유효기간	변경
손상되다	분실되다	경우	출입국관리사무소
재발급	범죄	처벌	환전
불법	죄	완전히	출국하다

알아두면 도움 되는 정보
은행 Q&A

한국에서 유학 생활을 하고 있는데 고향에 있는 부모님에게 송금 받으려면 어떻게 하면 됩니까?

본국으로부터 송금을 받으려는 외국인 유학생은 외국환은행에서 예금 계좌를 만들 수 있습니다.

- 계좌 개설
  - 계좌를 개설하기 위해서는 여권, 외국인등록증 등의 신분증이 필요합니다.
  - 송금 방법, 송금 금액 등은 송금을 하는 국가의 법에 따릅니다.
- 송금액 지급
  - 송금 받은 돈을 찾으려면 통장, 여권 또는 외국인 등록증 등의 신분증과 도장(서명)이 필요합니다.

유학생도 인터넷뱅킹을 이용할 수 있습니까?

여권이나 외국인등록증을 가지고 은행에 방문합니다.

인터넷뱅킹 또는 모바일뱅킹을 신청합니다.

앱을 다운로드하고 공인인증서를 발급받거나 간편 인증을 등록합니다. 최근에는 각 은행에서 외국인 금융거래를 더 편리하게 하기 위해서 공인인증서가 없어도 송금, 입금+출금, 환전, 해외송금, 결제 등을 할 수 있습니다. 또 영어, 중국어, 일본어 등 외국어 서비스를 지원하기도 합니다. 가까운 은행을 방문해서 외국인을 위한 서비스를 물어보면 됩니다.

한국에서 신용카드를 사용할 수 있습니까?

본국에서 만든 신용카드가 해외에서도 사용할 수 있는지 확인합니다.
해외에서 사용할 수 있는 신용카드면 한국에서도 사용할 수 있습니다.

한국에서도 신용카드를 만들 수 있습니까?

한국에서도 신용카드를 만들 수 있습니다. 여권, 외국인등록증 등의 신분증이
필요합니다. 그러나 경우에 따라서 보증인이나 소득 증명서가 필요할 수도
있습니다.

새로운 단어

개설	따르다	인터넷뱅킹	모바일뱅킹
다운로드	공인인증서	간편 인증	금융거래
지원하다	보증인	소득증명서	

03

새 학기가 되었어요

기숙사에서 / 신입생 환영회 /
국제교류센터에서

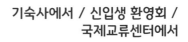

학습 목표

1. 오리엔테이션과 신입생환영회에 참가한다.

2. 유학생 아르바이트와 건강보험제도에 대해 안다.

03 새 학기가 되었어요

 기숙사에서

제시와 응우옌이 기숙사에서 만났다.

제시 : 혹시 룸메이트? 안녕, 난 제시키야. 앗! 그런데 반말해도 돼?

응우옌 : 그럼. 우린 룸메이트니까 괜찮아. 나는 응우옌이야. 베트남에서 왔어.
너도 이번에 입학했어?

제시 : 아니, 난 교환학생이야. 미국 대학에서 한국어를 전공하고 있어.
그런데 너 한국어 발음이 정말 좋다.

응우옌 : 너도 좋은데. 난 이 학교에서 2년 동안 어학연수를 했어. 토픽 6급도 받았고.

제시 : 6급? 대박! 어쩐지 잘 하더라. 그럼 무슨 전공이야?

응우옌 : 경영학과. 너도 어제 오티(O.T) 들었지?

제시 : 응, 그런데 내용이 너무 많아서 아직 잘 모르겠어.
그래서 지금 자료를 다시 읽고 있어.

응우옌 : 더 정확하게 알고 싶으면 학교 선생님이나 선배들한테 물어보는 것도
도움이 될 거야.

제시 : 그렇게 해야겠다. 그런데 너 다시 나가?

응우옌 : 응, 오늘 저녁에 우리 학과 신입생 환영회가 있거든.

그리고 나가는 길에 동아리 모집도 보려고.

제시 : 그래? 그럼 나도 같이 나가자. 나도 무슨 동아리가 있는지 알고 싶어.

 **유학생 오리엔테이션**

한국의 대학교는 새 학기가 시작되면 외국인 유학생들의 한국 생활과 학교 생활 적응을 위해 유학생 ⊙.T, 즉 오리엔테이션(orientation)을 합니다. 오리엔테이션에서는 학사 홈페이지 가입, 이용 안내, 수강신청, 비자 안내, 학생증 발급, 도서관 이용 안내, 학교 일정, 졸업 기준 안내 등을 알려줍니다. 외국인 유학생들은 오리엔테이션에 참석해서 정보를 확인하는 것이 좋습니다. 한국의 1학기는 3월에 시작하고 2학기는 9월에 시작합니다. 한 학기는 보통 15~16주입니다.

 **대화 2** 신입생 환영회

경영학과 신입생 환영회

김민수 : 안녕하세요? 경영학과 2학년 대표 김민수입니다. 오늘은 신입생을 환영하기
위해서 모두 이 자리에 모였습니다. 만나서 반갑습니다. 그럼 먼저 신입생의
자기소개를 듣겠습니다.

응우옌 : 안녕하세요? 저는 베트남에서 온 응우옌입니다. 여기서 어학연수를 하고
입학했습니다. 선배님들의 많은 도움 부탁드립니다.

민소영 : 안녕하세요? 신입생 민소영입니다. 저는 제주도에서 왔습니다. 모두 만나서
반갑습니다. 잘 부탁드립니다.

신입생, 선배, 후배들의 자기소개가 모두 끝나고

김민수 : 그럼 간단하게 이번 학기 큰 행사를 안내하겠습니다. 우선, 3월 마지막 주에
경영학과 엠티(M.T)가 있고 5월에 스승의 날 행사와 학교 축제가 있습니다. 학과
동아리 소개는 부대표가 하겠습니다.

에리카 : 안녕하세요? 부대표 에리카입니다. 경영학과에는 기타, 노래, 춤 동아리가 있고
공부 모임도 있습니다. 혼자 공부하기 어려운 학과 공부를 함께 할 수 있으니까
특히 1학년 신입생 여러분들은 꼭 참여하면 좋겠습니다.

최승민 : 총무 최승민입니다. 학과 티셔츠와 과점퍼 구매 신청을 받습니다. 링크(link)에
들어와서 이름, 사이즈를 남겨 주세요. 그리고 학회비도 안내되어 있으니까
확인하시기 바랍니다. 마지막으로 오늘 회식 장소는 삼삼 삼겹살입니다. 신입생
여러분은 저와 함께 가시면 됩니다.

대화 3 ➡ 국제교류센터에서

제시는 국제교류센터 선생님을 만나서 학교 생활에 필요한 것을 질문한다.

제시 : 선생님, 안녕하세요? 궁금한 것이 있어서 찾아왔어요.

선생님 : 학교생활에서 필요한 것이 있으면 언제든지 찾아와서 질문하세요.

제시 : 한국어를 더 잘하려면 말을 많이 해야 되잖아요.
그래서 언어 교환 프로그램도 더 하고 싶고 아르바이트도 하고 싶어요.

선생님 : 우선 언어 교환 프로그램은 학교에 있어요.
신청서를 쓰고 담당자에게 이메일을 보내면 돼요. 여기 이메일 주소가 있어요.

제시 : 감사합니다. 이건 기숙사에 가서 신청할게요.

선생님 : 그리고 D-2 비자가 있는 외국인 유학생이 한국에서 아르바이트를 하려면 학교와
출입국 관리사무소의 허락을 받아야 해요. 또 한국어 능력에 따라서 일할 수 있는
시간이 달라요.

제시 : 그래요? 어떻게 달라요?

선생님 : 보통 어학연수하는 학생은 입국 6개월 이후나 토픽 2급이 있으면 일주일에
20시간 정도 일할 수 있어요. 유학생 비자는 바로 일할 수 있어요. 또 토픽
4급이나 5급이 있으면 일하는 시간도 30시간 정도로 더 많아져요.

제시 : 그럼 그건 좀 생각해 볼게요. 이제 마지막 질문인데요.
저는 머리가 자주 아픈데요. 만약에 제가 아프면 병원 이용은 어떻게 하지요?

선생님 : 학교 안에는 의무실이 있어요. 거기서 간단한 진료를 받거나 약을 받을 수 있어요.
병원에 가야 하면 외국인 유학생도 건강보험에 가입되어 있으니까 신분증을
가지고 병원에 가면 진료받을 수 있어요.

제시 : 네. 감사합니다.

건강보험

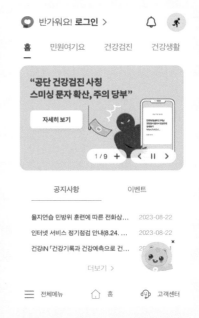

외국인 유학생들이 한국에서 6개월 이상 체류하면 건강보험에 가입되고 보험료를 내야 합니다. 스스로 신고하지 않아도 자동으로 가입됩니다. 건강보험증과 고지서도 자동으로 발송됩니다. 외국인 유학생의 월보험료는 약 3~4만 원 대로 매월 내야 합니다.	체류구분	가입시기
	유학(D-2)	최초 입국시: 외국인 등록일
	일반연수(D-4)	입국일로부터 6개월 후 가입
	건강보험공단 고객센터	
	☎1577-1000 (외국어 상담 7번)	

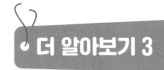

아르바이트

외국인 유학생이 한국에서 아르바이트를 하려면 한국어 능력을 가지고 있고
학교 유학생 담당자의 확인을 받아서 '체류자격 외 활동 허가'를 받아야 합니다.
'체류자격 외 활동 허가'를 받기 위해서는 신청서, 여권, 외국인등록증 등의 서류를
출입국·외국인청장 등에 내야 합니다. 외국인 유학생의 아르바이트 시간은 한국어
능력과 학위 과정에 따라서 주중에는 10~30시간, 주말 및 방학에는 10시간 이상 할
수 있습니다.

※ www.hikorea.go.kr / 외국인 종합안내 센터 ☎1345

새로운 단어

반말	룸메이트	어쩐지	학과
신입생 환영회	동아리	모집	대표/부대표
엠티(M.T)	총무	과점퍼	학회비
아르바이트	신청서	허락 (받다)	능력
의무실	건강보험	진료	고지서
자동	발송되다	월보험료	매월

알아두면 도움 되는 정보
아르바이트 허용 대상 및 범위

한국어 능력별, 학위과정별 허용시간은 다음과 같습니다.

대학 유형	학년	한국어능력 기준 ① TOPIK ② 사회통합프로그램 ③ 세종학당	조건 충족 여부	시작 시기	허용시간 주중	허용시간 주말, 방학	인증대학교, 성적우수자 혜택
어학 연수 과정	무관	① TOPIK 2급 ② 사회통합프로그램 2단계 이상 이수 또는 사전평가 41점 이상 ③ 세종학당 중급1 이상 이수	X	6개월 이후 가능	10시간		10시간
			⊙		20시간		25시간
전문 학사 과정	무관	① TOPIK 3급 ② 사회통합프로그램 3단계 이상 이수 또는 사전평가 61점 이상 ③ 세종학당 중급1 이상 이수	X	즉시 가능	10시간		10시간
			⊙		25시간	제한 없음	30시간
학사 과정	1~2 학년		X	즉시 가능	10시간		10시간
			⊙		25시간	제한 없음	30시간
	3~4 학년	① TOPIK 4급 ② 사회통합프로그램 4단계 이상 이수 또는 사전평가 81점 이상 ③ 세종학당 중급2 이상 이수	X	즉시 가능	10시간		10시간
			⊙		25시간	제한 없음	30시간
석/박사 과정	무관		X	즉시 가능	15시간		15시간
			⊙		30시간	제한 없음	35시간

자료 출처: 『외국인체류 안내매뉴얼』, 2023. 8 기준., 37쪽 참고
(www.easylaw.go.kr)

허용 대상

유학(D-2) 또는 일반연수(D-4)의 체류자격을 가진 외국인유학생이 아르바이트를 하려면 일정수준의 한국어 능력을 보유하고 학교 유학생 담당자의 확인을 받아야 합니다.

① 유학비자(D-2) 또는 어학연수(D-4) 비자를 가지고 있는 유학생

   (D-4 소지자의 경우 입국 이후 6개월 경과 시 가능)

② 일정수준의 한국어 능력 보유하거나 직전학기 성적이 우수한 유학생 (출석률도 중요)

③ 현재 한국에 체류하고 있는 유학생

④ 국제협력과 유학생 담당자의 확인 및 서명을 받은 유학생

※ 직전 학기 성적이 C학점 미만인 경우에는 시간제 취업이 허락되지 않습니다.

아르바이트 허용 분야

외국인 유학생의 아르바이트가 허락되는 분야는 다음과 같습니다.

① 일반 통역·번역, 음식업 보조, 일반 사무보조 등

② 공적 확인을 받은 자국정부 발급 범죄경력증명서 및 법무부장관 지정 의료기관 발행 채용신체검사서를 제출한 경우 영어키즈카페, 영어캠프에서 안전보조원, 놀이보조원 등의 활동

③ 관광안내 보조 및 면세점 판매 보조 등

※ 다만, 상기 시간제취업 허용분야에서 종사하고자 하는 경우라도 국내법에 따라 일정한 자격요건을 갖추어야 하는 직종에 취업하는 경우에는 그 자격요건을 갖추어야 함

④ 토픽4급(KIIP 4단계이수) 이상인 경우 제조업 예외적으로 허용(원칙적으로 사업자등록증을 기준으로 제조업, 건설업이 있는 경우 제한)

⑤ 시간제 또는 전일제 계절근로 활동

⑥ 방학기간 중 학위과정(D-2) 유학생의 전문분야(E-1~E-7) 허용 분야에서 연수수습 등 인턴사원 형태로 근무하기로 계약을 체결한 인턴활동

※ 다만, 국내법에 따라 일정한 자격요건을 갖추어야 하는 직업에 취업하는 경우에는 그 자격요건을 갖추어야 함

※ 법무부장관의 허가를 받지 않고 아르바이트를 하면 대한민국 밖으로 강제퇴거되거나 자진해서 출국할 것을 권고 받을 수 있으며, 3년 이하의 징역 또는 3천만원 이하의 벌금에 처해집니다(「출입국관리법」 제46조제1항제8호, 제67조제1항제1호 및 제94조제12호).

(www.easylaw.go.kr)

TOPIK
시험목적
	• 한국어를 모국어로 하지 않는 재외동포·외국인의 한국어 학습 방향 제시
	  및 한국어 보급 확대
	• 한국어 사용능력을 측정·평가하여 그 결과를 국내 대학 유학 및
	  취업 등에 활용

TOPIK
응시대상
	• 한국어를 모국어로 하지 않는 재외동포 및 외국인으로서
	  – 한국어 학습자 및 국내 대학 유학 희망자
	  – 국내외 한국 기업체 및 공공기관 취업 희망자
	  – 외국 학교에 재학 중이거나 졸업한 재외국민

TOPIK 유효기간	• 성적 발표일로부터 2년간 유효
TOPIK 시험의 주요 활용처	• 외국인 및 재외동포의 국내 대학(원) 입학 및 졸업 • 국내/외 기업체 및 공공기관 취업 • 영주권/취업 등 체류비자 취득 • 정부초청 외국인 장학생 프로그램 진학 및 학사관리 • 국외 대학의 한국어 관련 학과 학점 및 졸업요건
TOPIK 주관기관	교육부 국립국제교육원

토픽 (TOPIK)

시험수준	토픽 I, 토픽 II					
평가등급	6개 등급(1~6급)					

구분	토픽 I		토픽 II			
	1급	2급	3급	4급	5급	6급
등급결정	80~139	140~200	120~149	150~189	190~229	230~300

토픽 IBT

시험효력	종이 기반 TOPIK 시험과 동일한 효력, 동일한 등급체계를 가진 국가 주관 한국어 능력 시험
시험방법	• 인터넷 기반 시험(IBT) • 인터넷 환경이 구축된 시험장으로 출석하여 PC, 태블릿 등 정보기기를 통해 시험 실시

토픽 말하기 평가

시험활용처	• GKS 우수자비 장학생 선발(4급 이상 가산점 3점 일괄부여) • 외국인 및 12년 외국 교육과정이수 재외동포의 국내대학 입학 및 장학생·선발 (기관별로 문의 필요) • 한국기업체 취업희망자의 선발 및 인사고과(기관별로 문의 필요) • 체류 비자 발급 신청(기관별로 문의 필요)

※ 시험 일정 및 접수 방법, 시험 시간은 www.topik.go.kr에서 확인

※ 해외 지역의 경우, 한국 접수 날짜와 다를 수 있기 때문에 현지 접수기관에 확인

※ 시험 결과는 성적 발표일 한국 시간 15:00에
    TOPIK 홈페이지(www.topik.go.kr)를 통해 발표

04

한국에서 대학 생활을 시작해요

수강 신청 / 수강 신청과 출석 /
학교 식당에서

한국에서 대학 생활을 시작해요

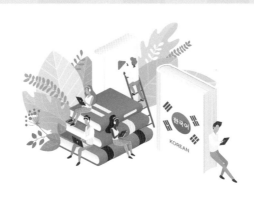

전공 필수	전공 수업 중에서 반드시 들어야 하는 과목	전공 선택	전공 수업 중에서 선택해서 들을 수 있는 과목	교양 과목	졸업 학점을 위해서 다양하게 들을 수 있는 과목
수강 신청	학기 중에 듣고 싶은 수업을 신청하는 것	수강 정정	학기 시작 후에 이미 신청한 수업을 변경하는 것	수강 철회	학기 중 듣고 싶지 않은 수업을 취소 하는 것
상대 평가	개인의 성적을 다른 학생과 비교하여 평가하는 것	절대 평가	성적을 절대적인 기준에 따라 평가하는 것	학점	1. 대학(원)에서 　 학과 이수를 　 계산하는 단위 2. 대학(원)에서 　 한 과목의 성적을 　 표시하는 단위

대화 1 → 수강 신청

응우옌은 선배 에리카를 만나서 수강신청에 대해 물어본다.

응우옌 : 선배~ 다음 학기부터 수강신청을 혼자 할 수 있을지 걱정이에요.

에리카 : 수강신청은 아주 중요하지. 1학년부터는 필수과목을 꼭 챙겨 듣고 교양과목은 잘 선택해서 듣는 게 좋아.

응우옌 : 지금은 학과 도움으로 교양 수업을 신청했는데, 다음에 혼자 할 때는 어떻게 하는 게 좋을까요?

에리카 : 교양 과목을 신청할 때는 우선 내가 들을 수 있는 시간이 언제인지 확인하는 게 좋아. 그리고 인기 있는 과목도 미리 알고 있으면 도움이 될 거야.

응우옌 : 어떤 과목이 인기 있는지는 어떻게 알아요?

에리카 : 과목의 강의계획서를 살펴보고 학과 홈페이지 자료실에도 가 봐. 학생들의 수업 후기도 있으니까 그것도 읽어보고 선배들한테 물어보는 것도 좋지.

응우옌 : 수강신청도 역시 정보가 중요하겠네요.

에리카 : 그럼. 그리고 과목의 학점도 잘 봐야 해. 1학점 수업부터 2학점, 3학점까지 다양하거든. 졸업할 때 필요한 학점을 채우려면 1학년부터 계획을 잘 세워서 학점 관리를 해야 해.

더 알아보기 1

수강신청

한국 대학교의 수강신청은 대부분 선착순이기 때문에 자신이 원하는 수업을 듣기 위해서는 빨리 클릭(click)하는 것이 좋습니다. 인기 있는 과목은 빨리 마감될 수 있기 때문입니다. 수강 신청을 잘 하지 못하면 공강이 많이 생길 수도 있습니다. 또 자신의 수준과 맞지 않는 어려운 과목을 들을 수도 있습니다. 하지만 무조건 쉽다고 소문난 수업보다는 자신이 흥미를 가지고 있고 배우고 싶은 수업을 선택하는 것이 좋습니다. 만약 수강신청에서 실패했다면 수강정정 기간을 이용하는 것도 방법입니다. 수강정정 기간에 원하는 수업을 다시 선택해서 들을 수도 있습니다.

 수강 신청과 출석

국제교류센터 선생님이

외국인 유학생 여러분 안녕하세요? 외국인 유학생을 지원·관리하고 있는 김영철 선생님입니다.

외국인 유학생에게 수강신청은 아주 중요합니다. 외국인 유학생들은 학점이 좋지 않으면 비자 연장에 문제가 생길 수도 있습니다. 출입국관리사무소에서 비자 연장을 할 때 성적증명서도 제출해야 하는데 유학생의 성적이 C학점(2.0) 이하면 학업을 잘하고 있지 못하다고 판단합니다. 그러면 은행 서류 등을 추가로 제출해야 될 수도 있습니다. 그리고 학점이 미달이거나 개인 사정으로 휴학하면 비자가 취소되고 15일 안에 한국을 떠나야 할 수도 있습니다. 학교를 잠시 쉬고 본국에 있다가 학교에 다시 돌아올 때, 즉 복학을 할 때는 처음 비자를 신청할 때처럼 모든 서류를 다시 제출해야 될 수도 있습니다. 그래서 수강신청 전에 정보를 잘 확인하고 학업을 잘 할 수 있는 수업을 선택해서 신청하는 것이 좋겠습니다.

한국의 대학에서는 출석이 아주 중요합니다. 특히 외국인 유학생의 출석은 비자 연장과도 관계가 있습니다. 학교, 교수, 수업에 따라 다르지만 보통은 16주 수업에서 결석이 4번이면 F학점을 받게 됩니다. 만약 아프거나 여러 사정으로 수업을 들을 수 없다면 반드시 수업 담당 교수님에게 연락을 해야 합니다. 또 결석한 이유를 설명하는 서류가 있다면 함께 제출하는 것이 좋습니다. 그리고 문의사항이 있거나 어려운 일이 있을 때는 언제든지 국제교류센터를 찾아 오시기를 바랍니다.

 학교 식당에서

제시와 민희가 캠퍼스에서 만났다.

민희 : 제시~ 요즘 밥 잘 챙겨 먹고 있어?

제시 : 그럼. 기숙사 식당은 매일 다른 반찬이 있으니까 좋아.

민희 : 학교에 다른 식당들은 가 봤어?

제시 : 음... 기숙사 식당하고 편의점, 학교 카페는 가 봤어.

민희 : 그럼 오늘은 학식 이용 방법을 알려줄게.

제시 : 학식! 학교 식당! 나도 그 정도는 알지.

민희 : 좋아. 학교에는 재학생들을 위한 학생 식당, 교직원 식당, 일반 식당이 있어.
우리는 보통 학생 식당이나 일반 식당에 가면 돼. 캠퍼스 지도 있지?

제시 : 응, 학교 앱(APP)을 깔아놨어. 잠깐만. 캠퍼스 지도를 켜 볼게.

민희 : 응, 거기서 숟가락, 포크 같은 표시가 다 식당이야. 그런데 메뉴가 달라.
한식, 양식, 중식 모두 있어.

제시 : 생각보다 식당이 많이 있네. 메뉴도 다르니까 좋다.

민희 : 그치? 먼저 메뉴를 보고 식권을 산 다음에 음식을 받는 곳에 가서 식권을 내고
음식을 달라고 하면 돼. 아니면 식권을 내고 내가 먹을 만큼 음식을 덜어서 가는
곳도 있어.

제시 : 그렇구나. 그럼 식권은 어떻게 사?

민희 : 식당 앞에 식권발매기가 있어. 거기서 메뉴를 선택하고 돈이나 카드를 넣으면 돼.

제시 : 나도 체크카드가 있으니까 그걸 사용해야겠다. 빨리 가보자. 배고프다.

강의계획서	후기	정보	학점 관리
선착순	마감	공강	소문나다
연장	성적증명서	이하	학업
판단하다	추가	미달	개인 사정
휴학	복학	출석	챙겨 먹다
재학생	교직원	캠퍼스	식권
(음식을) 덜다	식권발매기		

대학교에서 수업을 갈 수 없을 때, 학점 문의를 할 때, 과제를 보낼 때 교수님께 메일을 보내야 할 수 있습니다.

1. 제목 – 과목, 이름, 이메일을 보내는 이유를 쓰는 것이 좋습니다.

예) [경영학과 20학번 000] 출석 문의드립니다.

예) [한국 경제의 이해] 성적 문의드립니다. – 경영학과 21학번 000

2. 첫인사 – 날씨, 건강, 교수님 수업에 대한 소감 등을 간단하게 씁니다.

예) 안녕하세요? 000 교수님.

저는 매주 수요일 오전 10시 [한국 경제의 이해]를 수강하고 있는 경영학과 21학번 000입니다.

현재 교수님 수업을 통해 한국 경제를 쉽게 이해하고 있습니다.

3. 본론 – 목적을 정확하게, 표현은 부드럽게 합니다.

예) 다름이 아니라, 다음 수요일에는 학과에서 진행하는 행사 참여로 수업 출석이 어려울 것 같습니다. 학과사무실에 문의한 결과, 참여 확인서를 받을 수 있다고 합니다.

혹시 이것을 제출하면 출석 인정이 가능할까요?

> **4. 끝인사 – 예의를 갖춰서 인사를 하면 됩니다.**

예) 바쁘신 와중에 시간 내어 읽어주셔서 감사합니다.
　　감기 조심하세요.

○○○ 드림

> **5. 마지막 확인**

√ 교수님 이메일 주소를 확인했나요?
√ 제목을 썼나요?
√ 파일이 있다면 잘 첨부했나요?

받는 사람	○○○ 교수(교수님 메일주소 확인)	
보낸 사람	응우옌	
제목	[경영학과 22학번 응우옌] 출석 문의드립니다.	학과/학번/이름-내용 요약
본문	안녕하세요? ○○○ 교수님.	→ 인사말
	저는 매주 수요일 오전 10시 [한국 경제의 이해]를 수강하고 있는 경영학과 22학번 응우옌입니다. 현재 교수님 수업을 통해 한국 경제를 쉽게 이해하고 있습니다.	→ 보낸사람
	다름이 아니라, 다음 수요일에는 학과에서 진행하는 행사 참여로 수업 출석이 어려울 것 같습니다. 학과사무실에 문의한 결과, 참여 확인서를 받을 수 있다고 합니다. 혹시 이것을 제출하면 출석 인정이 가능할까요?	→ 메일 보낸 이유
	바쁘신 와중에 시간 내어 읽어주셔서 감사합니다. 감기 조심하세요. <div align="center">응우옌 드림</div>	→ 끝인사

MEMO

05

공강시간에는
무엇을 해요?

공강 시간에 / 도서관 활용 / PC방에서

1. 공강시간을 활용할 수 있다.
2. 도서관 활용 방법을 안다.

05 공강시간에는 무엇을 해요?

 공강 시간에

얼마 뒤, 제시와 민희가 다시 만났다.

제시 : 민희야~ 오늘 밥은 내가 쏠게. 그동안 나를 많이 도와줬잖아.

민희 : 와! 정말? 그럼 잘 먹을게. 그런데 오늘은 내가 공강이 2시간 밖에 없으니까 학식에서 먹자.

제시 : 그래? 더 맛있는 거 사주고 싶었는데… 그런데 공강이 뭐야?

민희 : 아! 공강은 수업과 수업 사이에 비는 시간이야. 오늘 나는 12시부터 2시 사이에 수업이 없어. 이 시간을 공강이라고 해!

제시 : 그렇구나. 나는 수업이 하루에 하나만 있어서 몰랐어. 그럼 보통 공강에는 뭘 해?

민희 : 나는 월요일하고 금요일은 도서관에서 교내 아르바이트를 해. 그리고 다른 날에는 동아리방에 가거나 친구랑 점심을 먹을 때도 있어.

제시 : 우와! 시간을 정말 알차게 보내는구나. 나는 시간이 남으면 보통 도서관에 갔는데 이제 다른 걸 뭘 할지 찾아봐야겠다.

민희 : 좋지. 학교 안에 영화 상영이나 미술 전시도 있어. 그리고 운동 시설도 있고.

제시 : 하나씩 다 가봐야겠다. 그럼 오늘은 내가 학식하고 후식 커피까지 다 쏠게. 가자~

더 알아보기 1

공강이란?

수업과 수업 사이의 공강은 점심을 먹기 위해서나 쉬기 위해서 필요합니다. 그러나 시간표를 짜다 보면 공강이 3시간 이상 길어지기도 합니다. 최근에는 이것을 우주처럼 넓고 크다고 해서 '우주 공강', 줄여서 '우공'이라고도 합니다. 공강이 길다면 학과방, 동아리방, 휴게실, 수면실, 도서관 등을 이용해서 알차게 공강을 활용할 수 있는 방법을 찾는 것이 좋습니다.

더 알아보기 2

유학생 교내 아르바이트?

외국인 유학생도 학교 내에 있는 학과사무실, 국제교류센터, 도서관 등에서 교내 아르바이트, 봉사활동 등을 할 수 있습니다. 학교 안의 부서에서 아르바이트를 하는 사람을 '시간제 근로장학생'이라고 합니다. 외국인 학생들을 관리하는 부서인 국제교류센터에서는 신입 외국인 학생들의 프로그램을 안내하거나 지원하는 일을 합니다. '시간제 근로 장학생'으로 활동하고 싶다면 학과 사무실이나 국제교류센터에 문의하는 것이 좋습니다.

 도서관 활용

제시의 일기

요즘 학교 도서관에 자주 간다. 학교 도서관에는 한국어 책도 있고 영어 책도 읽을 수 있다. 공부는 보통 열람실에서 한다. 열람실은 좌석을 먼저 선택한 후에 앉아야 한다. 열람실은 학교 기숙사에도 있고 다른 건물에도 있어서 도서관에 자리가 없으면 다른 곳에 가도 된다. 나는 보통 도서관에서 책을 읽거나 자료실에서 DVD를 빌려서 영화를 본다. 또 책을 빌리기도 하는데 재학생은 대출 가능 기간이 10일이다. 어제는 반납일을 깜빡하고 늦게 책을 돌려줬다. 내가 공부하는 학교는 연체료 대신 내가 책을 늦게 반납한 기간의 2배를 대출할 수 없다고 한다. 나는 하루 늦어서 2일 동안 대출할 수 없게 되었다. 다음에는 대출일을 잘 지켜서 약속 날짜에 책을 반납해야겠다. 그리고 내가 찾는 책이 도서관에 없어서 선생님에게 물어봤다. 그랬더니 사서 선생님은 '희망도서'로 신청하라고 했다. 미리 신청하면 학교에서 책을 사고 책이 도착하면 그 책을 신청한 사람이 가장 먼저 책을 빌릴 수 있다고 한다. 내가 신청한 책이 빨리 오면 좋겠다.

제시와 응우옌이 공강 시간에 PC방에 갔다

제시 : 나 한국에서 PC방은 처음 와. 응우옌은 자주 와?

응우옌 : 나도 자주 오는 편은 아니야. 지난번 수강신청할 때 처음 왔는데 재미있더라고.
그래서 오늘은 제시한테 PC방 구경시켜 주려고 왔지.

제시 : PC방에 컴퓨터 말고 구경할 게 있어? 근데 나 지금 조금 배고파.

응우옌 : 걱정 마. 밥도 여기서 먹을 거야. 우선 자리에 앉고 요금제를 구매한 다음에 이용 시작.
그리고 여기 바탕화면에 음식 주문 누르기가 있지?

제시 : 오! 음식 종류가 엄청 많다. 밥, 라면, 과자, 음료까지 다 있네.

응우옌 : 먹고 싶은 거 선택하면 돼. 나는 짜장라면하고 음료수 하나.

제시 : 그럼 나는 라면하고 핫도그 하나. 주문하기 누르면 돼?

응우옌 : 응. 그리고 결제는 페이로 하거나 카드, 현금을 선택하면 돼.

제시 : 재미있다. 그리고 인터넷 속도도 엄청 빨라. 나중에 게임도 잘 될 것 같은데.

응우옌 : 그래서 콘서트 표를 사거나 수강신청할 때는 PC방에 오는 게 좋아.

제시 : 음식도 엄청 빨리 나왔어. 그럼 밥부터 먹을까?

응우옌 : 그래! 금강산도 식후경이니까 우선 밥 먹고 게임하자.

새로운 단어

쏘다	(시간이) 비다	동아리방	후식
수면실	교내	봉사활동	근로장학생
열람실	좌석	대출(하다)	반납(하다)
깜빡하다	연체료	대출일/반납일	사서
구경하다	누르다	금강산도 식후경	

알면 알수록 재미있는 한국 문화

방 문화

한국의 거리에서는 △△방이라고 되어 있는 곳을 많이 볼 수 있다. △△방은 90년대부터 크게 유행하기 시작했는데 노래방, 만화방, 찜질방, PC방은 물론이고 보드게임을 할 수 있는 보드방, VR을 체험하는 VR 체험방, 책도 읽고 게임도 할 수 있는 멀티방도 있다. 또 방을 탈출해야 하는 방 탈출도 있다. 방은 원래 집에 있는 것이라서 한국 사람들은 방을 친근하게 느낀다. 때문에 △△방은 집 밖에서 혼자 또는 여러 명이서 놀 수 있는 친밀한 놀이 공간이라고 할 수 있다.

찜질방

한국 영화나 드라마를 보면 찜질방을 자주 볼 수 있다. 찜질방은 대중 목욕탕이 발달한 것인데 목욕도 하고 사우나, 노래방, 만화방 등 다양한 시설을 함께 즐길 수 있는 곳이다. 한국의 대중 목욕탕은 1920년대에 처음 생겼고 1945년 광복 이후부터 전국에 목욕탕이 많아지기 시작했다. 한국 대중 목욕탕에 가면 '세신사'라고 하는 '목욕 관리사'가 '이태리 타올'을 사용하여 손님의 때를 대신 밀어주는 독특한 문화가 있다. '이태리 타올'은 이탈리아에서 가지고 온 소재로 만든 수건인데 '때를 미는' 즉 몸의 각질을 제거하는 데 사용된다. 한국에서는 때를 밀고 나면 '시원하다' 또는 '개운하다'라고 말한다. 2000년대 이후에는 대중 목욕탕이 고급화되면서 목욕도 하고 놀이도 즐기는 찜질방이 생기기 시작했다. 찜질방은 입구에서 이용료를 내면 찜질복과 사물함 열쇠를 준다. 탈의실에서 옷을 갈아입고 안으로 들어가면 여러 가지 방을 볼 수 있다. 뜨거운 방과 차가운 방까지 다양하다. 찜질방 안에서는 땀을 흘리며 찜질도 하고 배가 고프면 음식을 사 먹거나 만화책을 보면서 시간을 보낼 수 있다. 대부분의 찜질방은 24시간 영업을 한다. 때문에 여행지에서 숙박비를 아끼기 위해 숙소 대신 찜질방에서 잠을 자는 사람들도 있다.

새로운 단어

유행하다	체험하다	멀티	탈출하다
친근하다	친밀하다	대중 목욕탕	사우나
광복	목욕 관리사	때를 밀다	독특하다
각질	개운하다	고급화	찜질복
사물함	탈의실	숙소	

06

온라인으로 물건을 주문해요

한강에서 / 온라인 쇼핑하기 / 서점에서

06 온라인으로 물건을 주문해요

 한강에서

제시와 민희가 여의도에서 벚꽃을 구경하고 있다.

제시 : 와! 벚꽃 봐! 이렇게 길가에 가득 핀 꽃은 처음 봐. 정말 환상적이다.

민희 : 그치? 사람이 좀 많긴 하지만 그래도 벚꽃을 보려면 여의도에 와야 해.

제시 : 우리 사진 찍자. 하나 둘 셋. 김치~

그리고 민희야! 나 서울에서 꼭 해보고 싶은 게 있어.

민희 : 뭔데? 뭐든 말해 봐.

제시 : 한강에서 치킨 먹기! 드라마에서 많이 봤어.

민희 : 좋지! 지금 계절이 딱 좋아. 내가 그럴 줄 알고 돗자리도 가지고 왔어.

제시 : 역시! 그런데 치킨은 어디서 사지?

민희 : 치킨은 공원에서 배달 시키면 돼. 그럼 우리가 앉은 곳 근처까지 가져다줘.

제시 : 공원까지 치킨이 배달된다고? 그게 가능해?

민희 : 당연하지. 배달 앱 켜고 치킨은 반반. 장소는 공원 근처로 설정. 주문 완료!

40분 뒤에 도착한대.

제시 : 진짜 편리하다. 그럼 다음에는 내가 앱으로 주문해 볼게.

민희 : 좋아! 배달 올 때까지 우리는 그늘에서 돗자리 펴고 쉬고 있자.

더 알아보기 1

배달 앱 이용하기

먼저 배달 앱을 다운로드하고 위치를 설정합니다. 원하는 음식, 식당 등을 선택합니다. 배달 비용은 거리와 음식 가격에 따라서 다를 수 있습니다. 그리고 전화번호를 입력합니다. 배달원이 배송 중에 문자나 전화로 연락할 수도 있기 때문입니다. 마지막으로 결제를 선택합니다. 결제는 현장 결제와 선결제를 선택할 수 있습니다. 현장 결제는 음식을 받을 때 하는 것으로 배달원이 왔을 때 카드나 현금으로 할 수 있습니다. 선결제는 앱에서 카드 번호를 입력하거나 간편 결제(PAY)로 할 수 있습니다.

 대화 2 ⟶ 온라인 쇼핑하기

민희가 제시를 기다리면서 온라인 쇼핑을 하고 있다.

민희 : (혼잣말) 휴지, 세제하고 과일도 장바구니에 담고 결제.

제시 : 민희야~ 나 왔어. 지금 뭐 하는 거야?

민희 : 제시, 왔어? 잠깐만. 집에 생활용품이 없어서 온라인 쇼핑하고 있었어.

　　　 이거 결제까지만 하고. 다 됐다! 오늘 주문했으니까 내일 아침에 도착하겠지.

제시 : 지금 주문했는데 내일 도착한다고?

민희 : 그럼. 좀 급한 것은 새벽이나 아침에도 받을 수 있어.

　　　 모든 물건이 다 되는 것은 아니지만 대부분 가능해.

제시 : 진짜 편리하다. 안 그래도 나도 인터넷으로 물건을 좀 사고 싶은데 전에 혼자 하니까

　　　 잘 안 되더라고.

민희 : 그래? 그럼 내가 도와줄게. 같이 해보자.

　　　 우선 앱을 다운로드하고 회원 가입부터 하면 돼.

제시 : ID, 비밀번호, 이름하고 휴대폰 번호를 입력하고 인증 번호 받아서 넣고… 가입됐다!

민희 : 먼저 필요한 물건을 장바구니에 담아.

　　　 그리고 결제는 송금할 수도 있고 카드로도 할 수 있어.

제시 : 미국에서 사용하던 카드로 하고 싶은데 될까?

민희 : 한번 해보자. 어? 결제 오류가 났네…

제시 : 해외 카드라서 그런가? 그럼 학교 은행에서 만든 체크카드로 해볼게.

　　　 카드 정보를 다 입력하고 결제.

민희 : 됐다. 한국 전화번호랑 한국에서 만든 카드가 있어야 되는구나.

제시 : 그러네. 이제 온라인 쇼핑 방법을 알았으니까 앞으로 이렇게 하면 되겠다. 고마워.

더 알아보기 2 — 온라인 쇼핑 이용하기

한국 온라인 쇼핑몰 사이트에 가입할 때는 보통 전화번호를 입력하고 인증 번호를 받아야 합니다. 한국 전화번호와 한국에서 만든 신용/체크 카드가 있으면 한국 온라인 쇼핑몰을 편리하게 이용할 수 있습니다. 쇼핑몰마다 다르지만 해외 전화번호로는 가입이 잘 안 되는 곳도 있고 해외 카드로는 결제가 안 되는 곳도 있습니다.

한국 온라인 쇼핑몰 중에서는 일정 금액 이상 주문하면 그다음 날 바로 물건을 받을 수 있는 곳도 있습니다. 또 식품이나 요리 재료 등을 다음 날 새벽이나 아침에 받을 수 있는 곳도 있습니다. NAVER나 G-Market은 영어, 중국어, 일본어 등 외국어 서비스가 있으며 한국 전화번호가 없어도 회원 가입을 할 수 있고 해외에서 만든 카드로도 결제할 수 있습니다.

대화 3 ➡ 서점에서

제시와 민희는 중고서점에 갔다.

제시 : 나는 도서관에 가는 것도 좋지만 서점에 가는 것도 정말 좋아.

민희 : 나도 그래. 그런데 여기는 그냥 서점이 아니라 중고서점이야.

제시 : 중고서점? 그럼 여기 있는 책 모두가 새 책이 아니라는 말이야?

민희 : 맞아. 다른 사람이 판 책을 내가 살 수도 있고, 내가 다 읽은 책을 여기서 팔 수도 있어.

제시 : 헌 책이라고 해도 대부분 깨끗하네. 혹시 한국어 책도 있을까?

민희 : 저기 도서 검색대가 있어. 거기서 검색해 보자. 한국어 책이…어! 있다.

제시 : 학교 책 말고 다른 책으로도 공부하고 싶었는데 잘 됐다.

민희 : 그리고 여기 영어로 된 책도 있어.

제시 : 중고책이니까 가격도 부담 없네. 그럼 영어 소설도 찾아봐야겠다.

● 더 알아보기 3

한국에서 책 사기

대학교 안에는 보통 교내 서점(구내 서점)이 있습니다. 교내 서점에서는 학교 전공, 어학 수업 책 등을 구매할 수 있습니다. 학생증을 제시하면 할인해 주는 곳도 있습니다. 교내 서점에서는 문구류나 학교 기념품을 판매하기도 합니다. 도시에는 건물 전체가 서점인 대형서점도 있습니다. 백화점 안에 대형 서점이 있는 곳도 있습니다. 또 중고책만 판매하는 중고서점도 있습니다. 한국의 대형 서점 또는 온라인 서점으로는 교보문고(kyobobook), 예스24(yes24), 알라딘(aladin), 영풍문고(ypbooks) 등이 있습니다. 홈페이지나 모바일 앱을 통해 가입할 수 있는데 회원가입을 할 때는 한국 전화번호와 주소가 필요합니다. 온라인 서점에서는 보통 책 가격의 10%를 할인받을 수 있습니다. 온라인으로 책을 주문하면 택배로 받을 수 있습니다. 만약 서점을 방문했을 때 책을 할인된 가격으로 사고 싶다면 모바일 앱에서 택배 배송 대신 바로 받을 수 있는 서비스를 선택하면 됩니다.

알면 알수록 재미있는 한국 문화

한국의 배달 역사

한국의 배달 문화는 조선시대부터 시작되었다고 알려져 있다. 조선시대 문헌에 따르면 당시의 배달 음식은 냉면과 해장국이었다고 한다. 1930년대에는 자전거를 탄 배달부가 탕, 냉면, 국밥 등을 배달했다. 그 후 배달원의 자전거는 오토바이로 바뀌었고 80년대 이후 도시에 아파트가 많아지면서 배달 문화도 점차 발달했는데 이때 배달 음식은 짜장면, 피자, 치킨 등이었다. 한국의 배달은 집뿐만 아니라 공원, 대학교, 숙박 시설 등에서도 가능하다. 2010년대 이후 스마트폰 사용자가 늘어나면서 사람들은 앱으로 주문하게 되었고 배달 음식의 종류도 족발, 생선회, 떡볶이 등으로 다양해졌다. 요즘은 1인분도 배달할 수 있다. 최근 한 조사에 따르면 한국에서 배달 음식으로 가장 많이 이용하는 메뉴는 치킨, 한국식 중화 요리, 피자라고 한다.

새로운 단어

가득	환상적이다	벚꽃	여의도
돗자리	배달	앱	반반
설정	주문	그늘	펴다
비용	입력	배달부(원)	선결제
생활용품	새벽	회원	가입
장바구니	오류	사이트	쇼핑몰
식품	중고	검색대	부담(있다/없다)
대형			

MEMO

07

한국의 쉬는 날은
언제예요?

5월은 가정의 달 / 스승의 날은 5월 15일 /
한국의 명절 소개 / 단오제에 가다

학습 목표

1. 한국의 공휴일에 대해 안다.
2. 한국의 명절에 대해 안다.

07 한국의 쉬는 날은 언제예요?

 **5월은 가정의 달**

제시와 민희가 휴일에 만났다.

민희 : 내일은 수업이 없으니까 정말 좋다. 그리고 월요일까지 쉬니까 연휴가 되었어.

제시 : 근데 어린이날은 일요일인데 왜 월요일에 쉬어?

민희 : 이건 대체공휴일이야.
　　　 만약 원래 공휴일이 주말이면 금요일이나 월요일에 하루를 쉬어.

제시 : 오! 좋다. 어린이날이 아이들을 위해서 쉬는 날. 그럼 어른의 날은 없어?

민희 : 안타깝지만 없어. 대신 부모님을 위한 날인 어버이날이 5월 8일, 선생님에게
　　　 감사하는 날인 스승의 날이 5월 15일, 그리고 5월 셋째 주 월요일은 어른이 된 것을
　　　 축하하는 성년의 날이야.

제시 : 5월에는 기념일이 정말 많네. 그날들은 모두 쉬어?

민희 : 아니, 5월 5일 어린이날만 쉬어.
　　　 그리고 5월에는 가족에 관한 기념일이 많아서 '가정의 달'이라고 해.

제시 : 그렇구나. 그럼 어버이날, 스승의 날에는 뭘 하는데?

민희 : 부모님과 선생님에게 카네이션 꽃을 선물하고 감사 편지를 쓰기도 해.

제시 : 그럼 나도 미국에 계신 부모님에게 편지 쓸까? 한국 어버이날이니까!

민희 : 그것도 좋은 생각이야. 부모님께서 분명 기뻐하실 것 같아.

더 알아보기 1 한국의 5대 국경일

날짜	이름	법정 공휴일	의미
3월 1일	삼일절	⊙	3.1 만세 운동을 기념하는 날로 독립정신을 알 수 있는 날
7월 17일	제헌절	X	한국의 헌법 제정을 축하하는 날
8월 15일	광복절	⊙	한국이 독립하고 정부 수립을 축하하는 날
10월 3일	개천절	⊙	개국 이념을 계승하고 역사와 전통을 기념하는 날
10월 9일	한글날	⊙	한글을 반포한 세종대왕 업적을 기리고 한글의 우수성과 독창성을 알리는 날

대화 2 → 스승의 날은 5월 15일

제시와 민희가 다시 만났다.

제시 : 민희야~ 네 얘기를 듣고 부모님께 편지를 썼어. 부모님이 엄청 좋아하셨어.

민희 : 그래? 잘 됐다. 그럼 이번에는 선생님께 편지를 써 보는 건 어때?
곧 스승의 날이잖아.

제시 : 아! 맞다! 5월 15일이 스승의 날이지? 그런데 왜 5월 15일이야?

민희 : 그건 5월 15일이 세종대왕 탄신일이기 때문이야.
세종대왕님이 태어나신 날!

제시 : 정말? 우와! 한국에서는 세종대왕을 정말 존경하는구나!

민희 : 그럼. 혹시 한글날이 있는 것도 알고 있어?

제시 : 한글날? 그건 한글을 만든 날이야?

민희 : 비슷해. 한글날은 한글을 만들어서 세상에 알린 것을 기념하고
한글의 우수함을 기리는 날이야.

제시 : 그럼 한국어를 공부하는 나에게도 엄청 중요한 날이구나.
그런데 한글날은 언제야?

민희 : 10월 9일이고 공휴일이야. 하지만 한글날이 아니라도 한글의 우수성과 가치를
언제든지 볼 수 있는 곳이 있어. 바로 한글 박물관이야. 우리 같이 가볼래?

제시 : 좋지! 5월에는 휴일이 많으니까 시간 맞춰서 가보자.

국립한글박물관 (서울시 용산구 용산동6가 168-6)	관람 시간: 월~금, 일요일 10:00~18:00 토요일 10:00~21:00 https://www.hangeul.go.kr/main.do

더 알아보기 3  한국의 법정기념일

날짜	이름	법정 공휴일	날짜	이름	법정 공휴일
음력 4월 8일	석가탄신일	O	5월 셋째주 월요일	성년의 날	X
5월 5일	어린이날	O	6월 6일	현충일	O
5월 8일	어버이날	X	6월 25일	6.25전쟁일	X
5월 15일	스승의 날	X	12월 25일	성탄절	O

한국의 명절 소개

　　안녕! 난 민희야. 오늘은 내가 외국인 친구들에게 한국의 명절을 소개할게. 한국의 가장
큰 명절은 설날과 추석이야. 설날은 음력 1월 1일로 한 해의 첫날을 기념하는 명절인데 보통
설날 아침에 차례를 지내고 떡국을 먹어. 그리고 설빔을 입고 웃어른에게 새해 인사를 하러
가서 "새해 복 많이 받으세요." 하고 세배를 해. 그럼 어른들은 덕담을 해주시면서 세뱃돈을
주셔. 설날에는 가족과 친척들이 모여서 윷놀이를 하기도 하고 밖에서 아이들은 연날리기를
해. 추석은 음력 8월 15일인데 한가위라고도 해. 조상님에게 감사하며 차례를 지내는데 특히
햇곡식, 햇과일을 차례상에 올려. 밤에는 달을 보고 소원 빌고 여자들은 강강술래를 하기도
해. 그리고 추석에는 송편을 먹어. 설날과 추석은 명절 당일 앞뒤로 쉬어서 보통 3~5일 정도
연휴가 있어. 이때 한국 사람들은 친척들에게 인사를 하러 가기 위해서 자동차, 대중교통으로
이동을 하는데 그래서 '민족 대이동'이라고도 해. 귀성길, 귀경길에는 차가 아주 막혀. 그런데
요즘에는 명절 연휴에 가족끼리 여행을 가는 사람들도 많아. 설날과 추석 외에도 한 해의 첫
보름달이 뜨는 음력 1월 15일 정월대보름, 성묘를 드리러 가는 한식, 양기가 가장 왕성하다는
단오, 일 년 중 밤이 가장 길고 낮이 짧은 동지(양력 12월 22일, 23일)도 한국의 명절이야.
정월대보름, 한식, 단오, 동지는 쉬는 날이 아니지만 한국에서는 의미가 있는 전통 명절이야.

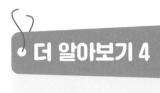 

더 알아보기 4

한국의 명절

날짜	이름	의미	먹는 음식	하는 일
음력 1월 15일	정월대보름	한 해의 첫 번째 보름	부럼, 오곡밥, 귀밝이술	쥐불놀이, 달집 태우기
양력 4월 5일	한식	불 사용 금지	찬 음식 먹기	성묘, 제사
음력 5월 5일	단오	양기가 왕성한 날 모내기를 끝내고 풍년을 기원함	수리취떡, 앵두화채	씨름, 그네 타기, 창포물에 머리 감기
양력 12월 22, 23일	동지	밤이 가장 긴 날	팥죽	팥죽 만들어 먹기

부럼   달집 태우기   오곡밥

정월대보름

단오굿   수리취떡

단오제

단오제에 가다

제시의 일기

　한국의 전통 명절을 보내고 싶었는데 마침 단오 축제가 있다고 해서 강릉 단오제에 다녀왔다. 명절인 단오를 가장 잘 즐길 수 있는 곳은 강원도 강릉인데 단오 기간에 5일 정도 아주 크게 축제를 연다. 옛날에는 단오에 모내기를 끝내고 풍년을 기원하면서 제사를 드렸다고 한다. 강릉 단오제에서는 단오굿을 구경할 수 있었다. 단오굿은 춤과 노래, 이야기가 있어서 신나기도 하고 신기하기도 했다. 단오제에 가서 수리취나 쑥을 넣어 만든 수리취떡도 먹고 감자전과 단오주도 먹었다. 단오장 난장은 볼거리, 먹을거리가 풍성해서 시간 가는 줄 몰랐다. 내가 가장 재미있었던 것은 대사 없이 몸짓과 춤으로만 표현되는 가면극이다. 말하지 않아도 춤을 통해 잘 느낄 수 있었다. 돌아오는 길에 단오 부채를 직접 그려서 기념품으로 가지고 왔다. 한국의 전통 명절을 제대로 체험하고 돌아와서 아주 신나고 즐거웠다.

연휴	대체 공휴일	안타깝다	성년
카네이션	탄신일	존경하다	우수하다
기리다	가치	헌법	제정
독립	수립	개국	이념
계승	반포	독창성	법정 공휴일
차례	설빔	웃어른	세배
덕담	세뱃돈	햇곡식/햇과일	소원(을) 빌다
당일	민족	귀성길	귀경길
(차가) 막히다	보름달	성묘	양기
왕성하다	강릉 단오제	모내기	풍년
기원하다	단오굿	신나다	신기하다
난장	몸짓	가면극	

세종대왕은 한국인이 가장 사랑하고 존경하는 역사 인물이다. 한국에서 세종대왕의 모습은 어디서나 볼 수 있다. 지폐, 도로, 문화시설, 도시에 이름이 있을 정도로 한국인은 세종대왕을 특별하게 생각한다. 세종대왕은 농업, 문화, 과학, 예술 등 다양한 분야를 발전시켰다. 그중에서도 가장 큰 업적은 '훈민정음' 창제이다. '훈민정음'은 백성을 가르치는 바른 소리라는 뜻이다. 한글이 만들어지기 전에 한국 사람들은 글자가 없어서 중국의 문자를 사용했다. 그러나 한자는 한국어 소리와 맞지 않아서 백성들이 배우기 어려웠다. 세종대왕은 여러 학자들과 함께 발음 기관 모양과 하늘, 땅, 사람의 모습을 보고 28자 한글을 만들었다. 서울 광화문광장에 가면 세종대왕 동상을 만날 수 있다. 동상 뒤의 문으로 들어가면 세종대왕의 업적을 기린 특별 전시를 볼 수 있고 광장 곳곳에서 한글 낱자를 볼 수 있다.

알면 알수록 재미있는 한국 문화

○○데이(day)

연인들을 위한 ○○데이			
1월 14일 다이어리 데이	**2월 14일 밸런타인데이**	**3월 14일 화이트데이**	**4월 14일 블랙데이**
다이어리 선물	남자가 여자에게 초콜릿 선물	여자가 남자에게 사탕 선물	연인 없는 사람들이 함께 짜장면 먹기
5월 14일 로즈데이	**6월 14일 키스데이**	**7월 14일 실버데이**	**8월 14일 뮤직데이**
장미 선물하기	키스하기	은으로 된 선물 주고받기	함께 음악 듣기
9월 14일 포토데이	**10월 14일 와인데이**	**11월 14일 무비데이**	**12월 14일 허그데이**
기념 사진 촬영	와인 마시기	같이 영화 보기	포옹하기

2월이 되면 편의점, 마트에서 초콜릿, 사탕 등을 파는 모습을 볼 수 있다. 또 11월에는 여기저기에서 빼빼로 과자나 초코 막대 과자를 판매하는 것을 볼 수 있다. 그리고 달력에는 없지만 매년 14일에는 연인들을 위한 기념일이 있다고 한다. 이런 기념일은 모두 왜 있는 것일까? 누가, 언제부터 시작했을까?

○○데이, 기념일은 기업이나 기관의 마케팅에서 시작된 것이 많다. 2월 14일 밸런타인데이는 여성이 남성에게 초콜릿을 선물하고, 3월 14일에는 남성이 여성에게 사탕이나 초콜릿을 선물하는 날로 알려져 있다. 실제로 관련 업계에서는 2월과 3월 초콜릿 판매량이 1년 중 30%를 차지한다고 한다. 11월 11일은 '빼빼로데이'라고 해서 막대 초코 과자를 선물한다. 한 마트의 판매 분석을 보면 빼빼로 판매는 일 년 중 11월이 가장 많다고 한다. 때문에 ○○데이는 기업의 판매 목적을 위한 것이라는 부정적인 생각이 많다. 그렇지만 ○○데이에 판매량이 늘어나는 것도 사실이다. 그래서 농축산업에서도 이런 '○○데이' 마케팅을 활용해서 3월 3일은 '삼삼', '삼겹살 데이', 5월 2일은 '오리, 오이를 먹는 날', 11월 11일은 '가래떡 데이' 등으로 정하기도 한다. 기념일을 모두 챙길 필요는 없지만 재미있고 의미 있다고 생각하는 날은 즐기면서 보내도 좋겠다.

농업	백성	바르다	발음 기관
동상	업적	낱자	기관
마케팅	업계	판매량	부정적이다

MEMO

08

공공 자전거를 타고 가요

서울에서 대중교통 이용하기 /
운전면허 시험 / 공공 자전거

학습 목표

1. 한국의 대중교통 이용 방법을 안다.
2. 한국에서 운전면허 취득 방법에 대해 안다.

08 공공 자전거를 타고 가요

버스

버스 단말기

지하철

지하철 개찰구

 서울에서 대중교통 이용하기

제시의 일기

　　지금은 처음에 왔을 때보다 서울 생활에 익숙해졌다. 처음에는 서울에서 대중교통을 이용하는 것이 어려웠다. 사람이 너무 많고 노선도 복잡했기 때문이다. 그런데 익숙해지니까 서울의 대중교통은 정말 편리하다. 버스는 정류장에서 버스 번호와 가는 목적지를 확인하고 타면 된다. 그리고 버스 정류장에는 버스가 언제 도착하는지 도착 정보가 표시되어 있다. 겨울에 처음 왔을 때 버스 정류장에 있는 온열 의자를 보고 깜짝 놀랐다. 온열 의자는 모든 정류장에 있는 것은 아니지만 온열 의자가 있는 정류장에서는 버스를 기다리는 동안 따뜻한 의자에 앉을 수 있다.

　　한국에서 지하철을 처음 탔을 때는 어느 방향인지 몰라서 탔다가 내린 적도 있었다. 그렇지만 지금은 복잡한 지하철도 잘 탈 수 있게 되었다. 지하철은 마지막 역을 알면 편리하다. 내가 가고 싶은 곳과 마지막 역의 방향을 확인하고 타면 된다. 또 지하철역에는 외국어 안내 서비스가 잘 되어 있다. 그리고 어떤 역에서는 유명한 가수의 목소리가 안내방송으로 나와서 재미있었다. 한국 지하철 안에는 와이파이가 잘 되고 냉난방도 잘 된다. 처음 겨울에 왔을 때는 지하철 안이 따뜻했는데 지금은 여름이라 시원한 바람이 나온다. 또 지하철을 타러 가는 길에는 편의점, 옷 가게 등이 있어서 지하상가를 구경하는 재미도 있다.

더 알아보기 1

한국의 대중교통

시내버스	도시 안을 이동하는 버스. 버스 번호, 가는 곳에 따라 노선이 구분되어 있다.
마을버스	시내버스나 지하철 등이 없는 동네, 주거 단지를 가고 버스 크기가 시내버스보다 작다. 요금은 시내버스, 지하철보다 저렴하다.
도시철도	도시를 다니는 열차로 서울, 부산, 대전, 대구, 광주에 있다.
택시	기본요금이 있고 거리와 이용 시간에 따라 돈을 낸다. 심야 시간에는 요금을 더 낸다.

더 알아보기 2

대중교통 이용하기

한국의 시내버스에서는 현금 또는 교통카드로 버스비를 냅니다. 현금의 경우 교통비보다 더 내면 버스 기사가 거스름돈을 줍니다. 교통카드는 버스에 타서 카드를 단말기에 대면 됩니다. 버스를 탈 때는 앞문으로 승차하고 내릴 때는 뒷문으로 하차합니다. 버스에서 내리고 싶으면 먼저 벨을 누르면 됩니다. 교통비는 도시마다 조금씩 다른데 대부분 교통카드로 계산하면 할인 혜택이 있습니다. 버스와 버스, 버스와 지하철을 갈아탈 때 요금이 할인되기도 하고 30분 이내 환승하면 무료인 곳도 있습니다. 교통카드는 버스 정거장 근처의 판매소나 지하철역에서 구입할 수 있는데 이 카드는 원하는 금액만큼 충전해서 사용하는 선불 카드입니다. 신용카드나 체크카드에서 교통카드 기능을 추가해서 후불교통카드로 사용할 수도 있습니다. 신용카드나 체크카드의 교통카드는 한 달 동안 사용한 후 그 다음 달에 카드와 연결된 통장에서 돈이 나갑니다.

택시를 부르고 싶다면 콜택시(call taxi)를 이용하면 됩니다. 한국에서 가장 많이 이용하는 택시 앱은 카카오택시(KakaoTaxi)입니다. 앱을 설치하고 택시 종류(일반, 모범)를 선택하고 출발지, 목적지를 입력한 후에 '호출하기' 또는 '예약하기'를 누릅니다. 결제는 카드를 등록해서 선결제하거나 택시 기사에게 직접 결제하기를 선택하면 됩니다.

 대화 1 운전면허 시험

제시와 응우옌이 기숙사에서 대화한다.

제시 : 응우옌 지금 무슨 공부하고 있어? 전공 공부는 아닌 것 같은데?

응우옌 : 이거? 운전면허시험 책이야. 한국에서 운전면허시험을 쳐 보려고.

제시 : 운전면허증이 있으면 좋지. 나도 미국에서는 운전해서 학교에 다녔어.

응우옌 : 나는 베트남에서는 오토바이로 다녔는데 한국에서 오토바이 운전은 좀 힘들 것 같아.

제시 : 그런데 한국어로 시험 치는 건 어렵지 않아?

응우옌 : 조금 어렵긴 하지만 선배들한테 물어보니까 열심히 공부하면 보통 합격한대.

제시 : 그렇구나. 운전 시험은 어떻게 해?

응우옌 : 필기 시험 합격하면 학원에서 기능 시험하고 도로주행 시험을 해. 어제 운전면허학원도 등록했어. 방학 동안 다닐 거야.

제시 : 그럼 방학이 끝나면 면허증이 있겠네. 나도 국제면허증을 가지고 왔어. 너 합격하면 우리 같이 자동차로 여행 가자.

응우옌 : 좋아.

운전면허증

만약 한국에서 차를 운전하고 싶다면 한국 정부에서 발행하는 운전면허시험에 합격해서 운전면허를 취득하거나 한국에 입국하기 전에 본국에서 취득한 운전면허증을 국제운전면허증으로 발급받아야 합니다. 외국인 유학생도 한국의 운전면허 시험에 응시할 수 있습니다. 한국의 운전면허시험은 운전면허시험장에서 직접 할 수도 있고 자동차 운전면허학원에서 볼 수도 있습니다. 운전면허시험은 신체적으로 운전할 수 있는지를 확인하는 적성검사, 필기시험인 학과시험, 자동차를 운전하는 데 필요한 기본적인 조작 방법과 운전 능력을 확인하는 기능시험, 실제 도로에서 운전자의 운전 능력을 키우기 위한 도로주행시험으로 구성되어 있습니다. 이 시험에 모두 합격해야 운전면허를 취득할 수 있습니다. 하지만 외국인 유학생이 외국의 권한 있는 기관에서 받은 운전면허증이 있으면 일부 시험은 응시하지 않아도 됩니다.

대화 2 　 공공 자전거

제시와 민희가 한강 공원에서 만났다.

민희 : 　제시~ 오늘은 공공 자전거 타고 한강 공원을 달려 보자.

제시 : 　좋아. 자전거 앱은 미리 다운로드했어. 회원가입도 해야 할까?

민희 : 　꼭 회원이 아니라도 이용할 수 있어.

　　　　그런데 자주 이용할 거라면 가입하는 게 좋을 거야.

제시 : 　그럼 가입하고… 자전거를 선택하고 대여하기.

민희 : 　QR 코드로도 할 수 있어. 스캔하면 돼.

제시 : 　됐다. 그런데 자전거 반납할 때 여기 다시 와야 해?

민희 : 　아니. 대여하는 곳 어디든지 다 반납할 수 있어.

　　　　반납할 때는 반드시 반납이 잘 되었는지 확인해야 돼.

제시 : 　응. 알았어. 그럼 이제 달려볼까?

더 알아보기 4

공공 자전거

전국 곳곳에는 환경과 경제를 생각한 '자전거 공유 서비스', '자전거 공유 시스템'이라고 부르는 공공 자전거가 있습니다. 공공 자전거의 이름은 도시마다 다른데 서울시는 '따릉이', 창원시는 '누비자', 수원·고양시는 '타조', 충청도와 전라도는 사투리로 '타슈'와 '타랑께'를 사용합니다. 공공 자전거는 키오스크(kiosk) 단말기나 모바일 앱을 통해서 이용할 수 있습니다. 이용 요금은 도시마다 다르지만 대부분 1시간에 1,000원 정도입니다. 공공 자전거는 사용 후 반납이 되었는지 반드시 확인해야 합니다. 그렇지 않으면 도난이나 분실되었다고 생각하여 요금이 추가될 수도 있습니다.

공공 자전거 외에도 공유 킥보드와 공유 자동차 서비스도 있습니다. 공유 킥보드는 '원동기 면허 이상'을 가지고 있어야 하고 안전모(헬멧)도 반드시 착용해야 합니다. 공유 자동차 서비스는 운전면허증이 필요합니다. 공공 서비스를 이용할 때는 안전과 주의 사항을 잘 확인한 후에 사용하는 것이 좋습니다.

새로운 단어

목적지	온열 의자	냉난방	지하상가
거스름돈	단말기	승차	하차
환승	설치	출발지	호출하다
합격(하다)	필기	기능	도로주행
취득(하다)	본국	응시(하다)	신체적
조작	일부	권한	키오스크
도난	킥보드	원동기	안전모

알아두면 도움 되는 정보
운전면허 시험 면제

외국인유학생이 외국의 권한 있는 기관에서 교부한 운전면허증(임시면허증 또는 연습면허증, 이륜자동차 및 원동기장치자전거 면허는 제외)을 가지고 있는 경우에는 다음과 같이 운전면허시험의 일부과목이 면제됩니다(「도로교통법」 제84조 제1항 제3호·제2항, 「도로교통법 시행령」 제51조 및 별표 3).

면제대상자	면허종류	적성검사	학과시험		기능시험	도로주행시험
			법령과목	점검과목		
대한민국 면허를 인정하는 국가의 외국면허증 소지자	제2종 보통면허		면제	면제	면제	면제
대한민국 면허를 인정하지 않는 국가의 외국면허증 소지자					면제	면제

2023년 8월 기준
자료 출처 : www.easylaw.go.kr

MEMO

09

한국 사람들은 매일 김치를 먹어요?

식당에서 / 김치와 김장의 역사 /
한국의 발효식품 '장' / 한식당에서

09 한국 사람들은 매일 김치를 먹어요?

제시와 민희가 오랜만에 만났다.

제시 : 민희야 오랜만이야~ 잘 지냈어?

민희 : 제시~ 반갑다. 난 그동안 아르바이트한다고 좀 바빴어. 하지만 알바비를 많이 받아서 괜찮아. 그래서 오늘은 내가 특별히 제시한테 양식으로 살게!

제시 : 양식? 좋지. 그럼 오늘 고기 먹는 거야?

민희 : 응, 여기 근처에 괜찮은 스테이크 집이 있어. 거기 가 보자.

(식당 안)

제시 : 맛있겠다. 그런데 메뉴판 사진에 스테이크 위에 김치가 있네.

민희 : 김치는 종업원에게 달라고 하면 줄 거야. 다른 양식당에도 김치를 주는 집이 있어.

제시 : 그래? 나는 김치를 밥이나 라면 먹을 때만 먹는다고 생각했어.

민희 : 한국인들은 김치가 모든 음식에 다 잘 어울린다고 생각하는 사람이 많은데
특히 느끼한 음식을 먹을 때 필수라고 생각하는 것 같아.

제시 : 그렇구나. 그럼 민희도 김치를 매일 먹어?

민희 : 나는 어렸을 때 배추김치는 매워서 못 먹었어. 그런데 지금은 김치가 없는 건 좀
상상하기 어려워.

제시 : 와! 그럼 정말 김치가 소울 푸드겠다. 그럼 나한테 김치 만드는 방법 좀 가르쳐 줘.

민희 : 아…그런데 김치는 어머니가 만들어 주셔서 나도 혼자서는 만들 줄 몰라.
다음 겨울에 우리 집에서 김장하면 제시 너도 같이 가자.

제시 : 그래! 그럼 어머니한테 배우면 되겠다!

　　김치는 무, 배추, 오이 등 여러 채소를 소금에 절이고 양념을 버무려 발효시킨 음식이다. 김치의 역사는 약 3000년 전부터 시작된 것으로 보고 있으며 처음 김치는 무를 소금에 절이는 것으로 시작되었다. 조선시대 중기 고추가 해외에서 유입되면서 양념에 고추를 넣었다. 그리고 배추, 무, 오이 등에 고추 양념을 버무리면서 오늘날과 같은 김치가 탄생하였다. 김치는 그 지역에서 생산되는 채소, 고기, 해산물 등에 따라 맛과 만드는 방법이 다르다. 계절에 따라서도 먹는 김치가 다르다. 그래서 김치의 종류는 200~300가지로 보고 있다. 북쪽에서는 고추를 적게 쓰는 백김치, 동치미 등이 유명하고 전라도 지방은 매운 김치, 경상도는 짠 김치가 특징이다.

　　김치를 사람들이 모여서 함께 담그는 것을 김장이라고 한다. 예전에는 마을 사람들이 다 같이 김장을 하고 담근 김치는 각자 집의 장독에 보관해서 겨울 동안 먹었다. 즉 김장은 추운 겨울 동안 먹을 음식을 준비하기 위해 시작된 것이다. 한국의 김장은 세계 유네스코 인류무형유산으로 등재된 한국의 고유문화이다. 늦가을 김장철이 되면 가족, 친척, 이웃들은 함께 모여서 김장을 하고 주변 사람들과 나눠 먹었다.

　　역사 기록에 따르면 최초의 김장은 고려 시대에 '무를 장에 담그거나 소금에 절인다'고 되어 있고 지금과 같은 김장 기록은 19세기부터 시작되었다. 현재는 시대가 바뀌면서 김치를 마트나 가게에서 사 먹는 사람도 많고 인터넷으로 주문해서 먹는 사람도 많아졌다.

장은 콩을 원료로 발효시켜 만든 것이다. 콩을 물에 불리고 삶아서 메주를 만들고 메주를 장독에 넣어 고추장, 된장, 간장 등을 만든다. 장은 한국 요리에서 된장찌개, 고추장 불고기 등 여러 요리에 사용된다. 장을 보관하는 곳은 장독이다. 장독에는 장뿐만 아니라 쌀, 소금, 김치 등 보관할 식품을 담아 두기도 했다. 때문에 옛날 한국 집에는 마당 한쪽에 장독을 두는 장독대가 따로 있었다. 오늘날은 김치나 장을 보관하기 위해 대부분 가정집에서는 김치냉장고를 사용한다. 김치나 장은 냄새가 강하기 때문에 다른 음식과 보관하면 그 음식에도 냄새가 날 수 있어서 따로 보관하는 것이 좋다. 김치냉장고에는 김치뿐만 아니라 채소, 과일 등을 넣어 두기도 한다.

 한식당에서

제시와 민희는 식당에서 다시 만났다.

제시 : 민희야~ 지난번에는 양식 얻어먹었으니까 오늘은 내가 한식을 사려고.

민희 : 좋지. 그럼 여기 있는 한정식 2인분으로 주문할까?

제시 : 좋아. 여기요~ 한정식 2인분 주세요.

민희 : 오! 제시~ 이제 주문도 잘 하네.

제시 : 당연하지. 하지만 여전히 식당 메뉴를 볼 때 모르는 게 있어.

민희 : 메뉴에서? 뭔데?

제시 : 식당 메뉴에 숙성 김치도 있고 그냥 김치도 있고 가끔 묵은지 김치찜도 있어.

민희 : 아! 그건 김치를 담근 지 얼마 되었냐에 따라 김치 이름이 달라서 그래.
그냥 김치는 담근 지 얼마 안 된 것, 숙성 김치는 3개월 이상, 묵은지는 6개월 이상.
김치가 익은 정도에 따라서 맛과 요리 방법도 달라.

제시 : 그렇구나. 그리고 내가 볼 때는 국, 탕, 찌개, 전골은 다 국물이 있어서 비슷한데
왜 다르게 부르지?

민희 : 음… 그러네. 나는 늘 익숙하게 먹던 거라 따로 생각해 본 적이 없네…

제시 : 어! 음식 나왔다. 와! 반찬 봐! 음식이 다 같이 나오는 것도 특별한 것 같아.

민희 : 그치? 한정식은 서양 음식처럼 순서대로 나오는 것이 아니라 반찬을 모두 한 번에
두고 먹는 게 특징이야. 국, 탕, 찌개, 전골은 내가 밥 먹고 정보를 찾아볼게.

제시 : 좋아. 얼른 먹자. 맛있겠다.

새로운 단어

어울리다	느끼하다	상상하다	소울 푸드
절이다	버무리다	발효시키다	조선시대
중기	탄생하다	담그다	장독
세계유네스코	인류무형유산	등재되다	고유
김장철	원료	불리다	메주
보관하다			

국	탕	찌개	전골
고기, 생선, 채소 등에 물을 많이 넣고 끓인 것으로 밥 옆에 두고 반찬으로 함께 먹는다.	1. '국'의 높임말 2. 건더기가 크고 국물은 조금 적다. 1인분으로 한 그릇씩 먹는 것도 있고 여러 명이 함께 먹는 것도 있다.	국물은 적은 편으로 고기, 두부, 채소 등의 건더기가 많다. 1인분씩 먹거나 여러 명이 같이 덜어서 먹는다.	채소, 해물 등의 재료에 양념을 올리고 물을 조금 넣고 끓인 것으로 냄비가 크고 여러 명이 함께 먹는다.
미역국, 콩나물국, 계란국, 해장국 등	설렁탕, 갈비탕, 해물탕, 어묵탕, 삼계탕 등	김치찌개, 두부찌개, 된장찌개, 부대찌개, 순두부찌개 등	해물전골, 버섯전골, 불고기전골, 만두전골 등

한국 식당에서 주메뉴를 시키면 반찬이 함께 나온다. 외국에도 사이드 메뉴(Side menu)가 있지만 이는 별도의 비용을 받고 판매하는 것이라서 한국의 반찬과 의미가 다르다. 한국의 반찬은 기본 메뉴에 함께 포함되어 있는 것으로 무료로 제공된다. 또 반찬을 다 먹은 후에 더 달라고 하면 대부분은 더 준다. 반찬을 더 주는 것이 인심이 좋고 정이 있다고 생각하기 때문이다.

한국은 쌀이 주식이지만 한국 사람들은 밥만 먹으면 뻑뻑하고 밋밋하다고 생각한다. 그래서 밥을 먹을 때 국과 2~3개 이상의 반찬을 함께 먹게 되었다. 또 밥만으로 부족한 영양소를 국과 반찬으로 보충해 왔다. 반찬의 수에 따라 3첩(반찬 3개), 5첩, 7첩 등으로 이름을 붙였다. 그중에서 가장 많은 수의 반찬이 있는 반상은 9첩 반상이라고 하여 손님에게 대접하거나 사극 드라마의 임금님 밥상에서 볼 수 있다.

새로운 단어

인심	주식	뻑뻑하다	밋밋하다
부족하다	영양소	보충하다	첩
반상	대접하다	사극	임금

MEMO

10

한국에서는
밥이 보약이에요

고깃집에서 / 편의점 가는 길

학습 목표

1. 한국식 고기구이를 경험한다.
2. 밥에 관한 표현을 배울 수 있다.

10 한국에서는 밥이 보약이에요

 고깃집에서

제시와 민희는 고깃집에 갔다.

제시 : 여기는 지난번 고깃집이랑 다르네.

민희 : 지난번에는 그냥 가스불이고 오늘은 연탄불이야.

제시 : 그래서 가게 이름이 연탄구이구나~ 재미있다.

민희 : 우선 가방이랑 옷에 음식 냄새가 밸 수도 있으니까 여기 의자 밑에 넣자.

제시 : 의자 밑에 옷 보관하는 곳이 있었어! 신기해! 그리고 앞치마도 메는 거지?

민희 : 그럼! 그리고 먼저 삼겹살부터 먹고 양념갈비 먹으면 되겠지?

제시 : 고기 먹는 순서가 정해져 있어?

민희 : 그건 아닌데, 양념 고기는 맛도 강하고 불판이 타기도 쉬우니까
보통 양념 없는 걸 먼저 먹는 게 좋지.

(잠시 후)

제시 : 이제 삼겹살이 좀 익은 것 같다.

민희: 그럼 고기를 뒤집고 가위로 잘라야지.

제시 : 이것도 볼 때마다 재미있어. 가위는 종이만 자른다고 생각했거든.

민희: 한국 음식점에서는 가위로 고기도 자르고 면도 자르고 크기가 큰 음식도 잘라.

이제 다 익은 것 같아.

제시 : 좋아! 상추에 고기 올리고 마늘하고 김치도 올리고 잘 싸서 한입에 쏙~

음…연탄불 맛은 또 다르네.

민희: 고기 먹고 밥 먹을까? 냉면 먹을까?

제시 : 그런데 왜 후식으로 밥이나 면을 먹어?

민희: 글쎄…아마 밥하고 고기를 같이 먹으면 고기를 조금밖에 못 먹어서 그런 게 아닐까?

제시 : 아니면 한국에서는 밥이 중요하니까 그런가?

된장찌개도 먹고 싶고 냉면도 먹고 싶은데… 어떡하지?

민희: 그럼 하나씩 시켜서 나눠 먹자. 여기요~

앞치마와 섬유탈취제

한국식 고기구이 식당은 숯불, 가스불, 연탄불 등 굽는 방법이 다양합니다. 큰 고기를 불판에 올리고 집게와 가위를 사용해서 먹기 좋게 굽고 자릅니다. 다 익은 고기는 상추, 깻잎과 같은 채소에 같이 싸 먹으면 더 맛있게 먹을 수 있습니다. 고기구이 식당이나 양념이 강한 음식을 파는 식당에는 앞치마가 있습니다. 양념이 옷에 튀지 않게 밥을 먹을 때 앞치마를 메고 먹습니다. 또 이런 식당에서는 가방이나 옷에 음식 냄새가 베이지 않게 의자 안이나 음식점 안의 보관함에 옷, 가방 등을 보관하고 먹기도 합니다. 또 음식을 다 먹고 나온 후에는 옷에 밴 음식 냄새를 제거하기 위해서 섬유탈취제를 뿌리기도 합니다.

숯불구이

철판구이

고기와 가위

쌈채소

대화 2 ➡ 편의점 가는 길

고기를 먹고 나온 후

제시 : 와~ 배 부르게 잘 먹었다.

민희 : 나도. 집에 가는 길에 편의점에 가야 돼. 집에 먹을 게 없어.

제시 : 뭐 살 거야?

민희 : 즉석밥하고 라면. 둘 다 자취생의 필수품이지.

제시 : 한국에는 라면 종류도 진짜 많은 것 같아. 너도 '불닭 볶음'같은 매운 맛 먹을 수 있어?

민희 : 아니. 난 매운 음식 잘 못 먹어. 그래서 라면도 순한 맛만 먹어.

제시 : 진짜? 나는 한국 사람들은 모두 매운 음식을 좋아한다고 생각했어.

민희 : 김치는 먹을 수 있지만 매운 맛 라면은 못 먹어. 제시는 먹어 본 적 있어?

제시 : 아니, 아직 먹어 본 적은 없는데…한번 도전해 볼까?
       편의점에서 나도 하나 사 가야겠다.

더 알아보기 2

즉석밥과 라면

한국에서 즉석밥은 자취생의 필수품, 라면은 국민 음식으로 불리고 있습니다.
한국에서 즉석밥은 1996년에 최초로 만들어졌습니다. 처음에 한국 사람들은 밥을

사먹는 것이 익숙하지 않았지만 2000년대 이후 1~2인 가구, 맞벌이 부부 증가 등으로 인기가 많아졌고 즉석밥의 종류도 쌀밥, 잡곡밥 등 다양해졌습니다. 또 밥과 국을 같이 먹을 수 있거나 밥과 반찬이 함께 있는 제품 등도 나오게 되었습니다.

한국은 2013년부터 8년 연속 라면 소비량 세계 1위를 기록하고 있습니다. 인스턴트 라면은 일본에서 개발되었고 한국에서는 1963년에 최초로 개발되어 출시되었습니다. 처음에 나온 라면은 가격이 싸지 않아서 부잣집 음식이라는 인식이 있었습니다. 이후 경제가 성장하고 생산을 많이 하면서 라면은 저렴한 음식이 되었습니다. 때문에 "라면으로 끼니를 때운다", "용돈을 다 써서 한 달 동안 라면만 먹고살아야 한다"라는 말도 있을 정도로 라면은 저렴하게 한 끼를 먹을 수 있는 서민들의 음식이 되었습니다. 현재 라면은 매운 맛, 순한 맛, 짜장 라면, 곰탕 라면, 비빔 라면 등 다양한 맛이 나오고 있고 한국뿐만 아니라 전 세계에서도 사랑받는 음식이 되었습니다.

새로운 단어

냄새가 배다	불판이 타다	(옷에) 튀다	제거하다
섬유탈취제	뿌리다	자취생	필수품
맞벌이	연속	소비량	인스턴트
부잣집	끼니	때우다	서민

알면 알수록 재미있는 한국 문화
'밥'에 관한 표현 1

밥심/ 밥이 보약	밥을 주식으로 하는 한국인이 밥을 중요하게 생각하는 마음을 알 수 있는 표현으로 '밥심'은 밥을 먹고 나서 생기는 힘, '밥이 보약'은 몸에 도움이 되는 약처럼 밥을 먹으면 몸에 힘을 키울 수 있다는 뜻. 예) 한국인은 밥이 보약이지.
밥도둑	1. 입맛을 좋게 해서 밥을 많이 먹게 하는 반찬 종류. 　예) 간장게장은 밥도둑이라서 밥 한 공기 뚝딱 먹어. 2. 일은 하지 않고 놀고먹기만 하는 사람을 비유
밥맛	밥의 맛, 밥 등의 음식이 먹고 싶은 상태 - 밥맛이 좋다: 밥, 음식 등이 맛있다. 　예) 가을이라 그런지 밥맛이 좋아. - 밥맛이 없다: 상대방의 행동 등이 마음에 들지 않다. 　예) 영희는 평소 자기 자랑만 해서 밥맛없어. - 밥맛이 떨어지다: 상대방의 말, 행동이 불쾌하다. 　예) 그가 그런 행동을 하다니 정말 밥맛 떨어지네.
집밥	집에서 먹는 밥, 가정에서 직접 만들어 먹는 음식 　예) 어머니가 해주신 집밥이 그립습니다.
혼밥	혼자서 밥을 먹는 것 　예) 요즘은 혼밥을 즐기는 젊은 사람들이 많다.

알면 알수록 재미있는 한국 문화
'밥'에 관한 표현 2

밥은 먹고 다니냐?	밥을 잘 챙겨 먹는지, 하는 일은 잘 되는지, 생활은 어떤지 질문하는 것으로 부모님이 자식들에게 많이 묻는 질문이다.
밥 한 번 먹자	'다음에 만나자'는 인사를 대신하는 표현으로 볼 수 있다. 약속 장소나 시간을 정하지 않고 '언제 밥 한 번 먹자'라고 하면 대화를 끝낼 때 마무리하는 인사로 보면 된다.
밥은 먹고 살아	여기서 '밥'은 일, 월급 등 경제적인 것을 말한다. '이 일을 하면 밥은 먹고 살아'라고 하면 이 일을 통해 많은 돈을 얻지 못해도 어느 정도의 생활을 할 수 있다는 뜻이다.
밥값도 못하고	'밥값'은 음식을 사 먹는 데 드는 값이기도 하고, 밥을 먹은 만큼의 일, 대가를 뜻하기도 한다. 자신의 책임, 일을 제대로 하지 못하는 사람에게 '밥값도 못한다'라고 한다. 회사에서 '밥값은 해야지'라고 하면 월급을 받는 만큼 일을 해야 한다는 뜻이다.
밥그릇 싸움	'밥그릇'은 밥을 담는 그릇이지만 밥을 먹고 살기 위한 일자리를 낮게 부르는 말이기도 하다. '밥그릇 싸움'은 자신의 이익을 위한 일자리를 서로 차지하기 위해서 벌이는 다툼을 뜻하는 말이다.

새로운 단어

비유	상대방	불쾌하다	자식
월급	대가	제대로	이익
차지하다	벌이다	다툼	

MEMO

11

한국에서
여행을 떠나요

여행 계획 / 한국의 기차 역사 /
여행을 준비하며 / 고속버스와 시외버스

1. 한국에서 기차로 여행 가는 방법을 안다.
2. 한국에서 고속버스와 시외버스로 여행하는 방법을 안다.

11 한국에서 여행을 떠나요

고속열차
(KTX, SRT)
서울-부산 약 2시간

국내선 비행기
서울-부산 약 1시간

고속버스
서울-부산 약 4시간

시외버스
도시와 도시를 연결

 **여행 계획**

기숙사에서

제시 : 이제 곧 방학이다. 기말고사는 힘들지만 그래도 방학이 오는 건 좋아.
        응우옌, 너는 방학에 뭐 할 거야?

응우옌 : 음…나는 전공 공부를 더 하고 싶어. 이번 학기에 수업을 들으면서 힘들었거든.

제시 : 방학에 공부를 한다고? 그래도 방학인데 좀 놀아야지. 나는 여행 가려고 해.
        그런데 아직 어디로 갈지는 안 정했어.

응우옌 : 여행도 좋지. 나도 하루 정도는 여행을 가 볼까?

제시 : 그래. 여행으로 경험하는 것도 다 인생 공부라고 그랬어.
        그럼 우리 같이 갈까? 내가 지금까지 생각한 곳은 부산, 대전, 대구 정도야.

응우옌 : 나는 부산은 가 봤어. 대전하고 대구는 안 가봤는데, 둘 중 한곳을 갈까?

제시 : 그럼 대구가 어때? 대구에 맛있는 음식이 많대.

응우옌 : 좋아! 대구는 기차 타면 금방이잖아. 그럼 지금부터 계획을 세워 보자.

 **한국의 기차 역사**

한국의 기차는 언제부터 시작되었을까?

　　한국의 기차는 1899년 9월 일본에 의해 서울과 인천을 잇는 경인선의 개통으로 역사가 시작되었다. 경인선은 하루 2번 운행하였으며 최고 속도는 60km였다. 이어서 1905년에 서울과 부산을 잇는 경부선을 시작으로 여러 도시에 철도가 건설되었다. 그때의 철도는 일본 군대의 물자를 운송하기 위한 것이었다. 1945년 8월 15일 일제 강점기에서 해방 되었지만 1950년 6월 25일 한국전쟁이 시작되면서 대부분의 철도가 파괴되었다. 휴전 후에 철도 복원 사업이 진행되었고 1960년에 서울-부산을 이어주는 무궁화호가 개통되었다. 당시 무궁화호를 타면 서울에서 부산까지 6시간 30분이 소요되었다. 그 후 1969년에는 서울-부산을 연결하는 새마을호가 개통되면서 이동 시간은 5시 30분으로 줄어들었다. 그리고 2004년 KTX(Korea Train Express)라는 부산과 서울을 연결하는 고속 열차가 생겼으며 2010년 이후에 다른 도시에도 KTX가 연결되었다. KTX를 이용하는 사람들이 많아지면서 새마을호 이용객은 줄어들었고 새마을호는 2018년을 끝으로 현재 운행하지 않는다. 최근에는 SRT라는 새로운 고속 열차가 개통되었다. SRT(Super Rapid Train)는 2016년에 시작되었으며 대부분의 노선이 KTX와 동일하다. 서울에서 부산까지는 약 2시간 만에 갈 수 있다.

기숙사에서

응우옌 : 여행 준비를 하니까 갑자기 여기저기 다 가고 싶어지네.

제시~ 우리 대구에 간 김에 경북 여행도 하고 올까? 안동, 영주도 좋아 보여.

제시 : 경북 여행? 좋지! 난 어디든지 다 좋아.

그런데 거기엔 뭐가 유명해?

응우옌 : 안동에는 세계문화유산에 등재되어 있는 하회 마을이 있어.

그리고 영주도 전통과 역사적인 곳이 많아.

제시 : 요즘 한국 역사에 관심이 많았는데 잘 됐다.

그럼 대구에서 안동, 영주도 가 보자.

응우옌 : 대구에서 안동이나 영주로 가려면 버스를 타는 게 좋을 것 같아.

그런데 시외버스도 있고 고속버스도 있네.

제시 : 둘 다 다른 도시로 가는 것 같은데 똑같은 건가? 다른 건가?

이것도 검색해 보자.

읽기 2 → 고속버스와 시외버스

한국의 고속버스와 시외버스는 무엇이 다를까?

한국에서 도시와 도시를 이동할 때는 고속버스 또는 시외버스로 갈 수 있다. 그러나 고속버스와 시외버스는 차도 다르고 소요 시간, 터미널도 다르기 때문에 선택할 때 신중해야 한다. 먼저 시외버스는 고속형, 직행형, 일반형으로 나눌 수 있다. 여기서 고속형 시외버스는 일반적으로 말하는 '고속버스'이고, 직행형과 일반형은 보통 '시외버스'이다. 직행형 시외버스는 비교적 먼 거리를 이동하고 출발과 도착 전에 몇 번의 정차가 있다. 일반형 시외버스는 완행으로 부르며 각각 정류장에 정차한다. 고속형 시외버스 즉 고속버스는 목적지가 100km이상 떨어진 곳을 가는 것으로 중간에 정차하지 않는다. 휴게소에 갈 때만 정차한다. 또 고속버스는 전체 운행 거리 60% 이상을 고속도로로 달리고 시외버스는 보통 국도를 이용해서 운행한다. 고속버스는 일반 고속버스와 우등 고속버스가 있다. 일반 고속은 45인승 버스이고, 우등 고속은 28인승 버스이다. 우등 고속은 일반 고속에 비해 요금이 30% 더 비싸다. 또 심야 우등과 심야 고속도 있어 밤에도 운행한다. 최근에는 프리미엄 고속버스가 생겼는데 비행기 일등석처럼 누워서 갈 수 있으며 이어폰, 생수 등이 무료로 제공되고 영화도 감상할 수 있다.

새로운 단어

잇다	운행하다	철도	물자
운송	해방	파괴되다	휴전
복원	소요되다	노선	동일하다
신중하다	직행	정차	완행
고속도로	국도	우등	N인승
심야	프리미엄	일등석	

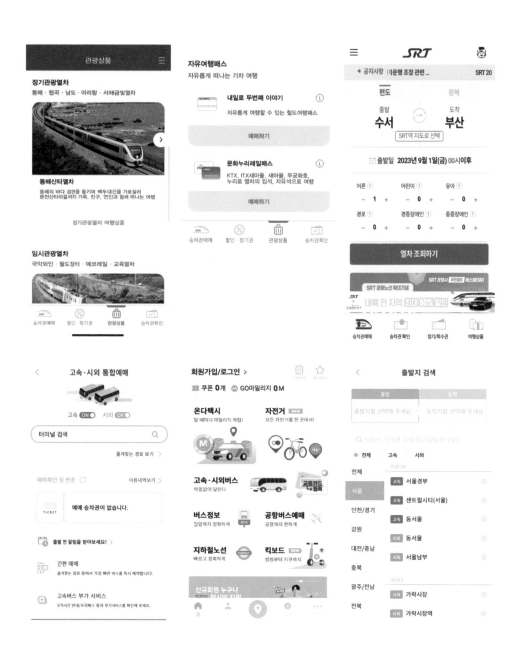

관광상품

정기관광열차
동해 · 협곡 · 남도 · 아리랑 · 서해금빛열차

동해산타열차
동해의 바다 경관을 즐기며 백두대간을 가로질러
분천산타마을까지 가족, 친구, 연인과 함께 떠나는 여행

정기관광열차 여행상품

임시관광열차
국악와인 · 팔도장터 · 에코레일 · 교육열차

승차권예매   할인 · 정기권   관광상품   승차권확인

자유여행패스
자유롭게 떠나는 기차 여행

내일로 두번째 이야기   ⓘ
자유롭게 여행할 수 있는 철도여행패스

예매하기

문화누리레일패스   ⓘ
KTX, ITX새마을, 새마을, 무궁화호,
누리로 열차의 입석, 자유석으로 여행

예매하기

승차권예매   할인 · 정기권   관광상품   승차권확인

≡   SRT   ⊙

◀ 공지사항 │ 나운행 조정 관련 ...   SRT 20

편도   왕복

출발   ⤶⤷   도착
수서   부산
SRT역 지도로 선택

출발일 2023년 9월 1일(금) 00시이후

어른 ⓘ   어린이 ⓘ   유아 ⓘ
－ 1 ＋   － 0 ＋   － 0 ＋

경로 ⓘ   경증장애인 ⓘ   중증장애인 ⓘ
－ 0 ＋   － 0 ＋   － 0 ＋

열차 조회하기

SRT 운영사 국민철도 (에스알SR)
내륙 전 지역 최대 60% 할인

승차권예매   승차권확인   정기/회수권   여행상품

‹   고속 · 시외 통합예매

고속 ON   시외 ON

터미널 검색   🔍

즐겨찾는 경로 보기 ›

예매확인 및 변경 ↻   이용내역보기 ›

TICKET   예매 승차권이 없습니다.

출발 전 알림을 받아보세요! ›

간편 예매
즐겨찾는 경로 중에서 가장 빠른 버스를 즉시 예매합니다!

고속버스 부가 서비스
도착시간 안내/프리패스 등의 부가서비스를 확인해 보세요.

회원가입/로그인 ›

쿠폰 0개 Ⓜ GO마일리지 0 M

온다택시
탈 때마다 마일리지 적립!

자전거 NEW
모든 자전거를 한 곳에서!

고속 · 시외버스
막힘없이 달린다!

버스정보
집앞까지 정확하게

공항버스예매
공항까지 편하게

지하철노선
빠르고 정확하게

킥보드 NEW
쌩쌩부터 지쿠까지

신규회원 누구나

출발지 검색

출발   도착
출발지를 선택해 주세요   도착지를 선택해 주세요

🔍

전체   고속   시외

전체
서울   TOP 50
인천/경기   고속 서울경부   ⓘ
강원   고속 센트럴시티(서울)   ⓘ
대전/충남   고속 동서울   ⓘ
충북   시외 동서울   ⓘ
광주/전남   시외 서울남부   ⓘ
전북   가나다
           시외 가락시장   ⓘ
           시외 가락시장역   ⓘ

고속버스를 타면 꼭 휴게소에 가 보세요.

한국 고속버스 안에는 화장실이 없습니다. 그래서 2시간 이상 고속도로를 달릴 경우 대부분 휴게소에 갑니다. 한국의 휴게소는 단순히 화장실을 가거나 잠시 쉬기 위한 곳이 아닙니다. 간식을 먹을 수 있는 것은 물론 식사도 할 수 있고 여러 가지 테마가 있어서 재미있게 놀다 갈 수도 있습니다. 자연을 볼 수 있는 곳, 도깨비가 있는 곳, 공룡이 있는 곳 등 즐길 거리가 많이 있습니다. 또 각 지역의 휴게소에는 그곳을 대표하는 맛있는 음식이 있기 때문에 일부러 휴게소에 가서 음식을 먹고 오는 사람들도 많습니다.

**알아두면 도움 되는 정보
기차와 고속버스 여행 꿀팁**

기차와 고속버스로 여행하는 방법을 알아봅시다.

코레일(KORAIL, 한국철도공사)에서는 열차를 타고 전국을 여행할 수 있는 '내일로 티켓'을 판매합니다. '내일로 티켓'은 누구나 언제든지 이용할 수 있는 철도 자유여행패스입니다. '내일로 티켓'은 KTX와 일반열차의 좌석을 무료로 지정해서 이용할 수 있습니다. (KTX: 1일 1회, 총 2회 / 일반열차: 1일 2회) 내일로 티켓은 연속 7일권과 선택 3일권이 있으며 만 29세 이하는 할인받을 수 있습니다. 티켓은 코레일 홈페이지나 기차역에서 신분증을 보여주면 살 수 있습니다. 하지만 명절에는 이용할 수 없습니다.

또 고속도로의 경우 프리패스(free-pass) 상품이 있습니다. 고속버스 프리패스는 정해진 기간 동안 전국 188개 노선 고속버스를 자유롭게 이용할 수 있는 상품입니다. 코버스(kobus) 홈페이지나 고속버스 모바일 앱에서 구입할 수 있는데, 이때 회원가입이 필수입니다. 터미널 창구에서는 구입할 수 없고, 취소 환불도 홈페이지와 앱에서만 됩니다. 명절에는 사용할 수 없고 4일권은 공휴일에는 사용할 수 없습니다. 5일권, 7일권은 공휴일에도 사용할 수 있지만 프리미엄 버스는 사용할 수 없습니다.

내일로티켓	연속 7일권	• 일반 110,000원 • 만 29세 이하 80,000원 • 좌석 지정 – KTX: 1일 1회, 총 2회 – 일반: 1일 2회	• 이용열차 KTX의 좌석, 일반열차(ITX–청춘, ITX–새마을, 새마을, 무궁화, 누리로)의 좌석, 입석(자유석)
	선택 3일권	• 일반 100,000원 • 만 29세 이하 70,000원 • 좌석지정 – KTX: 1일1회, 총 2회 – 일반: 1일 2회 * 기타사항: 유효기간 7일	
고속버스 프리패스	3일권 (금~일 포함) 88,000원 4일권 (금~일 제외) 81,000원 5일권 (금~일 포함) 110,000원 7일권 (금~일 포함) 132,000원		• 홈페이지 / 모바일 (*신용카드로만 구매 가능): 우등, 일반고속(프리미엄 제외)

2023년 8월 기준

고속열차 – 레츠코레일: www.letskorail.com / SR : etk.srail.kr
고속버스통합예매 – 코버스: www.kobus.co.kr
시외버스통합예매 – https://txbus.t-money.co.kr / 버스타고: www.bustago.or.kr

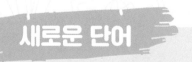
새로운 단어

테마	도깨비	공룡	여행패스
좌석	지정	정해지다	필수

12

한옥에서
하룻밤 머물러요

한국의 숙소 / 한옥에서 / 한옥 체험

학습 목표

1. 한국의 전통 숙소에 대해 안다.
2. 도보해설관광에 대해서 안다.

12 한옥에서 하룻밤 머물러요

호텔
(hotel)

모텔
(motel)

펜션
(pension)

게스트하우스
(guest house)

읽기 1 ➡ 한국의 숙소

여행자를 위한 숙소에는 어떤 것이 있나?

호텔은 숙박 시설 중에서 가장 고급 서비스를 제공하는 곳이다. 여러 가지 시설과 서비스가 제공된다. 조식 포함, 미포함에 따라서 가격이 달라진다. 또 최근에는 환경 정책 때문에 샴푸, 린스 등의 일회용품이 제공되지 않는다. 모텔은 호텔에 비해서 저렴하다. 모텔은 대실과 숙박으로 이용할 수 있다. 대실은 방을 잠시 빌리는 것으로 낮 시간 동안에 이용할 수 있다. 숙박은 보통 밤에 이용하는데 저녁 8시 이후에 입실할 수 있는 곳도 있다. 펜션은 방을 빌리는 것보다 집을 빌리는 것으로 볼 수 있다. 펜션에 따라 방과 화장실이 여러 개가 있는 것도 있고 방 하나에 화장실 하나만 있는 곳도 있다. 또 주방을 이용할 수 있고 바비큐 시설을 갖춘 곳도 있다. 펜션은 대부분 도심에 있지 않고 시 외곽에 떨어져 있다. 가족 여행이나 인원이 많은 사람들이 이용하기 좋다. 게스트하우스는 외국에서는 보통 '호스텔'이라고 한다. 배낭여행자들처럼 저렴한 숙소를 찾는 사람들에게 좋다. 객실은 '도미토리'라고 부르는 형태로 여러 사람이 함께 사용한다. 2인실부터 8인실까지 다양하다. 대부분 화장실과 샤워실은 공용으로 이용한다. 한국은 남성과 여성 이용 장소가 구분되어 있는 곳이 많다.

대화 1 → 한옥에서

영주 무섬 마을에서

주인 : 어서 오세요. 우리 마을에 오신 것을 환영합니다. 인터넷으로 예약하신 분 맞죠?

제시 : 네~ 안녕하세요? 제시 이름으로 예약했어요.

주인 : 네, 잘 오셨습니다. 찾아오기 힘들지 않았어요?

제시 : 어제 전화로 설명해 주신 덕분에 잘 찾아왔어요.

주인 : 그랬군요. 한국어도 정말 잘 하시네요. 어느 나라에서 왔어요?

제시 : 저는 미국에서 왔고요. 친구는 베트남 사람이에요.

응우옌 : 안녕하세요? 응우옌입니다. 그런데 마을이 정말 예뻐요.

주인 : 그렇지요? 두 분이 멀리서 오셨으니 제가 마을 설명을 좀 해드릴게요.

　　　여기는 마을 전체가 문화재예요. 혹시 마을 이름이 왜 무섬마을일까

　　　생각해 봤어요?

응우옌 : 무섬? 음…섬…섬이 없다? 그런 걸까요?

주인 : 역시. 한국어를 잘 하는 이유가 있었네요.

　　　무섬은 물 위에 떠 있는 섬의 우리말 이름이에요.

이 마을에는 100년이 넘은 집도 여러 채가 있어요. 오늘 두 분이 머무실 숙소도 100년이 넘었어요.

제시 : 100년이요? 우와! 정말 특별한 밤이 될 것 같아요.

주인 : 그럼 제가 가장 오래된 집부터 차례대로 안내해 드릴게요. 같이 가 봅시다.

응우옌 : 네, 감사합니다.

한옥 체험

한국의 전통 집에서 숙박을 즐겨 보자!

 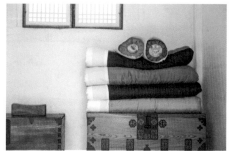

한국의 전통 멋과 아름다움을 느낄 수 있는 숙박시설이 있다. 바로 한옥이다. 한옥은 집 한 채를 모두 빌릴 수도 있고, 그중 방 한 칸만 빌릴 수도 있다. 또 주인이 살고 있는 집에서 실제 한옥을 체험하는 체험형 숙박도 있다. 실제 한옥의 경우 방 안에서 이불을 깔고 잠을 자며 마루에서 휴식을 취할 수도 있다. 또 화장실은 집 건물 밖에 있을 수도 있다. 한옥은 기둥, 문 등이 나무로 된 곳이 많기 때문에 안에서 담배를 피우거나 요리하는 것이 금지된 곳도 있다. 한옥 숙소 중에는 한옥 모양을 한 호텔도 있다. 대부분의 한옥 숙박시설이 좌식으로 되어 바닥을 사용하는 것과 달리 한옥 호텔은 외국인 손님을 위해서 객실 안에 침대를 배치한 곳도 있다. 또 목욕시설이나 휴식 시설도 집 안에 함께 있는 곳이 많다. 한옥 마을을 여행한다면 그곳에 살고 있는 주민들을 위해서 골목을 걸을 때나 밤에 구경할 때 큰 소리를 내면 안 되고 풍경 사진 찍을 때도 주민들에게 피해를 주지 않도록 해야 한다.

더 알아보기

템플스테이

한국에서 특별한 하룻밤을 보내고 싶다면?

    템플스테이(Templestay)는 1,700년 한국의 불교 역사와 문화를 느낄 수 있는 체험입니다. 산사에서 수행자의 일상을 경험할 수 있습니다. 절에서 하루 머무르면서 스님과 함께 차를 마시고 대화 나누기, 절하기 등 불교문화를 체험할 수 있습니다. 2022년 기준으로 전국 140여 개의 사찰에서 계절과 사찰의 특성에 따라 다양하게 프로그램이 운영되고 있습니다. 1박 2일 체험형은 주말에 주로 진행되고 주중에는 당일에 가서 하루 휴식하며 체험을 즐길 수도 있습니다. www.templestay.com을 통해 예약할 수 있습니다.

새로운 단어

시설	조식	포함	미포함
정책	대실	입실	도심
시 외곽	호스텔	도미토리	공용
문화재	(집 한) 채	머무르다	(이불을) 깔다
마루	기둥	금지	좌식
골목	배치하다	산사	수행자
일상	스님	절하다	사찰

알아두면 도움 되는 정보
서울 도보해설관광

　서울의 경복궁, 북촌 한옥마을, 청계천, 남산성곽 등 주요 명소를 자세한 설명을 들으면서 여행을 하고 싶다면 문화해설 관광사와 함께 하는 프로그램을 이용하는 것도 좋다. 서울 도보해설 관광이란 서울의 주요 관광명소를 해설사의 설명을 들으면서 같이 걸으며 여행하는 것이다. 이 프로그램은 한국인은 물론 외국인도 이용할 수 있으며 이용료는 무료이고 한국어, 영어, 일본어, 중국어, 베트남어 등의 언어로 설명을 들을 수 있다. 인터넷과 모바일 웹 Visit Seoul(m.visitseoul.net)에서 예약할 수 있다. 이용하고 싶으면 3~5일 전에 예약하는 것이 필요하다.

남산골 한옥마을
- 해설 언어: 한국어, 영어,
　　　　　일본어, 중국어
- 해설 운영시간: 10:30, 12:00,
　　　　　14:00, 15:00
- 참가비: 무료
- 휴무일: 매주 월요일
- Tel: 02-2264-4412
https://www.hanokmaeul.or.kr

전쟁기념관
- 해설 언어: 한국어, 영어,
　　　　　일본어, 중국어
- 해설 운영시간: 10:00~17:00

- 참가비: 무료
- 휴무일: 매주 월요일
- Tel: 02-709-3139
https://www.warmemo.or.kr

도보해설관광 상담안내
- 월요일 ~ 금요일
　(오전 9시 ~ 오후 6시)

- Tel: 02-6925-0777
- E-mail: walkingtours@sto.or.kr

한국관광공사 https://knto.or.kr/eng/index

한국 여행에서 길을 찾을 때는 네이버 지도(map.naver.com)나 카카오 지도(map.kakao.com), 구글 지도(www.google.co.kr.maps)를 사용하는 것이 좋다. 네이버와 카카오의 경우 주변의 맛집, 카페도 함께 검색할 수 있고 식당의 문 여는 시간, 닫는 시간, 가게 휴일도 확인할 수 있다. 네이버 ID가 있으면 지도에서 식당, 카페 등도 예약할 수 있다.

13

이사를 하려고 해요

집 찾기 / 부동산에서 / 한국 집에서

1. 한국에서 집을 구하는 방법을 알 수 있다.
2. 한국 집을 계약하는 방법을 알 수 있다.

13 이사를 하려고 해요

한국에서 유학생으로 생활한다면?				
	기숙사	**원룸**	**고시원**	**하숙집**
특징	• 보통 2인 1실~ 4인 1실 공동생활	• 방 하나에 주방, 욕실, 부엌이 다 있는 형태	• 작은 방 하나에 책상, 침대가 있다. (원래 시험 준비하는 사람을 위한 장소)	• 한국인이 생활 하는 곳에 다른 하숙인과 생활
장점	• 학교 안에 있어서 생활이 편리하고 안전하다.	• 생활이 자유롭고 요리할 수 있다.	• 비용이 싸다 • 단기 거주자에게 좋다.	• 식사 제공한다. • 한국 생활을 체험할 수 있다.
단점	• 학교 규칙을 지켜야 한다 • 요리할 수 없다.	• 보증금이 필요하고 월세, 전기세, 수도세가 나간다.	• 방이 작다. • 세탁실, 주방 등 공동 사용한다.	• 세탁실, 거실 등 다른 사람과 함께 사용한다.

 **집 찾기**

제시와 응우옌이 기숙사에서 대화한다.

응우옌 : 제시~ 나 다음 학기에 기숙사를 나가려고 이것저것 알아보고 있어.

제시 : 그래? 전부터 기숙사는 요리를 못해서 불편하다고 하더니…

응우옌 : 응, 가끔은 고향 음식을 요리해서 먹고 싶기도 하고, 그리고 이제 한국 생활도
3년째니까 학교 밖에서 살면서 한국 생활을 더 경험해 보고 싶기도 해.

제시 : 그렇다면 적극 찬성! 내 룸메이트가 떠나는 건 아쉽지만
그래도 응우옌의 생각을 응원해.

응우옌 : 고마워. 그런데 집 알아보는 게 생각보다 쉽지 않네.

제시 : 어떤 집을 찾고 있는데?

응우옌 : 선배들한테 물어보니까 원룸, 하숙집, 고시원 등이 있는데
각각 장점도 있고 단점도 있어.

제시 : 하숙집은 드라마에서 봤어. 하숙집 아주머니가 밥도 주고 청소나 빨래도 해주고,
옆방에 친구들도 있고 그런 거지?

응우옌 : 맞아. 다른 친구도 만날 수 있고, 집주인 아주머니가 식사도 챙겨주시니까 좋은데
하숙집도 공동생활이라는 점에서는 기숙사하고 같아.

제시 : 그럼 원룸하고 고시원이 있네. 원룸은 말 그대로 방 하나야?

응우옌 : 응. 방 안에 부엌, 침실, 화장실 등이 다 있어.
혼자 살면서 요리할 수 있는 건 좋지만 보증금이 비싸.

제시 : 그럼 고시원은?

응우옌 : 고시원은 보증금이 없고 월세만 내도 되는데,
주방과 화장실을 공동으로 사용해야 한대.

제시 : 고민이 많이 되겠다. 그럼 집은 보고 왔어?

응우옌 : 아니, 집은 부동산 중개인하고 같이 가는 게 더 안전하다고 해서 오늘은
중개인하고 약속만 하고 왔어.

제시 : 그래? 그럼 다음에 집 보러 갈 때 나도 같이 갈까?

응우옌 : 좋아. 같이 가서 어떤 집이 좋을지 보자.

더 알아보기 1 — 한국에서 집을 빌릴 때

한국에서 집을 빌려서 계약할 때는 보증금이 필요한 경우가 많습니다. 한국에서 집을 빌리는 방법은 전세와 월세 두 가지가 있습니다. 전세는 보통 계약 기간이 2년인데 집을 빌리는 돈 전부를 집주인에게 주고 계약 기간(2년) 동안 살 수 있습니다. 계약 기간이 끝날 때 전세금 전부를 다시 돌려받습니다. 전세는 과거에 은행 이자가 높을 때 사용된 방식입니다. 2년 동안 집주인은 전세금을 은행에 넣고 이자를 받으며 수익을 얻었습니다. 전세는 주로 주택, 빌라, 아파트 등에서 하는데 이런 집을 빌린다면 가구, 가전제품 등을 스스로 준비해야 합니다. 월세는 집주인에게 보증금을 주고 매달 방값을 냅니다. 월세는 원룸과 같은 주거 형태에 많이 적용됩니다. 그러나 최근에는 은행 이자, 경제 상황 등에 따라서 아파트 월세, 원룸 반전세 등 다양한 형태로 집을 빌리게 되었습니다. 전세와 월세는 직접 구할 수도 있지만 혼자 집을 찾는 것은 쉽지 않기 때문에 보통은 부동산을 통해서 소개받습니다.

대화 2 → 부동산에서

응우옌은 부동산을 방문했다.

응우옌 : 안녕하세요? 2시에 방문하기로 한 응우옌이에요.

부동산 : 어서 오세요. 원룸을 보고 싶다고 했지요? 대학교 주변에 원룸은 많이 있어요.

응우옌 : 지금은 어떤 집들을 볼 수 있어요?

부동산 : 이 집은 학교하고 지하철역 중간쯤 있는 집인데 해가 잘 들고 높은 층이라 인기가
       많아요.

응우옌 : 집 안에 어떤 시설이 있어요?

부동산 : 풀옵션이라 에어컨, 냉장고, 세탁기, 책상, 침대 다 있어요. 관리비하고 공과금은
       따로 내야 해요. 주변에 CCTV도 있어서 안전해요.

응우옌 : 보증금하고 월세는 얼마예요?

부동산 : 보증금 3,000만 원에 월세는 40만 원이에요.

응우옌 : 조금 비싼 것 같아요. 월세가 더 싼 방은 없어요?

부동산 : 월세가 싸면 보증금이 비싸요. 보증금하고 월세가 싼 집은 지하철 역하고 많이 멀어요.

응우옌 : 그렇군요. 그럼 아까 그 집을 직접 볼 수 있어요?

부동산 : 그럼요. 지금 집주인한테 전화할게요. 같이 가서 확인해 봐요.

응우옌 : 네, 알겠습니다.

대화 3 ➤ 한국 집에서

응우옌 : 제시~ 어서 와. 한국 집은 처음이지?

제시 : 응, 이사한다고 바빴을 텐데 초대해 줘서 고마워. 자~ 이거 이사 선물!
한국에서 집들이하면 휴지랑 세제를 사 간다고 해서 나도 샀어.

응우옌 : 마침 휴지가 필요했는데 잘 쓸게. 고마워. 들어와서 앉아.

제시 : 원룸이 크고 넓다. 그리고 해도 잘 들어와.

응우옌 : 고향 친구랑 같이 살기로 해서 조금 큰 방을 구했어.
월세도 관리비도 반반씩 내기로 했어.

제시 : 좋다. 그런데 지금 바닥이 따뜻해. 혹시 이게 온돌이야?

응우옌 : 맞아. 보일러를 켜면 방바닥이 따뜻해져.
한국 사람들이 소파에 앉지 않고 왜 바닥에 앉는지 알 것 같더라고.

제시 : 그러네. 바닥이 따뜻하니까 막 눕고 싶어. 누우니까 또 졸리네.

응우옌 : 앗! 지금 자면 안 돼. 치킨 배달 시켰어.
곧 올 테니까 치킨 먹고 자.

제시 : 기숙사 밖에 사니까 배달 음식도 마음껏 시켜 먹고 좋다.
룸메이트 없을 때 너희 집에 자주 놀러 와도 되지?

응우옌 : 그럼. 제시는 언제든지 환영이야.

더 알아보기 2

집을 계약할 때

계약서는 집을 빌려주는 사람(임대인)과 외국인 유학생이 함께 작성합니다.
계약서에는 거래하는 사람의 인적 정보, 계약일, 계약 기간 등을 정확하게 씁니다.
계약할 때는 보통 보증금의 10%를 계약금으로 줍니다. 남은 금액은 이사하는
날에 지급합니다. 이때 부동산 등기부, 계약서 등을 다시 한번 더 확인하는 것이
좋습니다. 그리고 이사한 지 14일 안에 출입국 관리사무소, 구청, 주민센터 등에
가서 전입신고를 해야 합니다. 그리고 확정일자를 받아야 합니다.

새로운 단어

공동	보증금	전기세	수도세
찬성	부동산	중개인	계약 기간
월세	전세	반전세	이자
수익	해가 들다	풀옵션	관리비
공과금	임대인	작성하다	거래하다
인적(정보)	지급하다	등기부	전입신고
확정일자			

온돌은 방바닥 아래로 열이 지나가게 해서 돌로 된 방바닥을 뜨겁게 하고 방을 따뜻하게 하는 장치를 말한다. 온돌은 삼국시대부터 한반도에 전파된 것으로 알려졌고 지금까지도 한국 문화에 큰 영향을 끼치고 있다. 한국의 집 문화가 서양처럼 입식이 아닌 좌식으로 발달한 이유도 온돌 때문이다. 온돌 때문에 방바닥에 따뜻한 기운이 있어서 바닥과 가까이 생활하게 되었는데 그래서 한국 집은 신발을 벗고 안에 들어가고 방에서는 바닥에 앉거나 눕는 것이 자연스럽게 된 것이다. 원래 온돌은 방 밖에서 아궁이에 불을 때웠는데 이때 아궁이 위에는 솥을 두고 밥을 짓거나 국을 끓였다. 온돌의 원리는 따뜻한 공기가 위로 가고 차가운 공기가 아래로 가게 하는 것으로 과학적인 난방 방식이다. 오늘날 온돌은 나무를 태워서 방을 뜨겁게 하는 것이 아니라 전기, 가스 등을 이용해서 보일러로 물을 끓인 후에 따뜻한 물이 바닥으로 지나가게 하는 방식으로 바뀌었다.

알면 알수록 재미있는 한국 문화
○○세권

역세권은 지하철이나 기차역을 중심으로 보통 500m 내외 지역으로 걸어서 5~10분 정도 걸리는 지역을 말한다. 역세권은 부동산 가격을 결정하는 중요한 요소가 되기도 한다. 최근에는 역세권에서 '세권'을 가지고 와서 '슬세권', '편세권' 등의 단어도 등장했다. '슬세권'은 슬리퍼를 신고 갈 수 있는 거리 내에 편의시설이 있는 것을 말한다. '편세권'은 집 가까운 곳에 편의점이 있는 것을 말한다.

알면 알수록 재미있는 한국 문화
한국의 아파트

한국에는 왜 이렇게 아파트가 많아요?

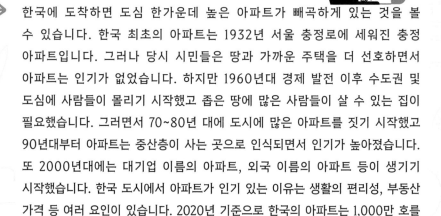

한국에 도착하면 도심 한가운데 높은 아파트가 빼곡하게 있는 것을 볼 수 있습니다. 한국 최초의 아파트는 1932년 서울 충정로에 세워진 충정 아파트입니다. 그러나 당시 시민들은 땅과 가까운 주택을 더 선호하면서 아파트는 인기가 없었습니다. 하지만 1960년대 경제 발전 이후 수도권 및 도심에 사람들이 몰리기 시작했고 좁은 땅에 많은 사람들이 살 수 있는 집이 필요했습니다. 그러면서 70~80년 대에 도시에 많은 아파트를 짓기 시작했고 90년대부터 아파트는 중산층이 사는 곳으로 인식되면서 인기가 높아졌습니다. 또 2000년대에는 대기업 이름의 아파트, 외국 이름의 아파트 등이 생기기 시작했습니다. 한국 도시에서 아파트가 인기 있는 이유는 생활의 편리성, 부동산 가격 등 여러 요인이 있습니다. 2020년 기준으로 한국의 아파트는 1,000만 호를 넘어서면서 한국 도시는 아파트 중심 생활권이 되었습니다.

한국 아파트는 1동, 2동도 있고 가동, 나동 또는 A동, B동으로 되어 있는 것도 있지만 대부분 101동부터 시작합니다. 과거에 아파트는 건물을 구분하기 위해서 동에 숫자 또는 이름을 붙였습니다. 그러나 1970년대 이후 아파트를 대단지, 대규모로 짓기 시작했습니다. 1개의 단지에 10개가 넘는 건물이 들어섰습니다. 때문에 아파트 건물을 쉽게 찾아가고 위치를 파악하기 위해서 101동이 등장했는데 보통 1단지는 101동, 2단지는 201동, 3단지는 301동부터 숫자를 시작합니다. 그러나 건물이 한 개 또는 열 개 이하인 아파트도 101동 숫자를 사용하는 곳도 있습니다. 이것은 단순히 건물 이름을 위해 사용하는 것일 수도 있고 아파트가 대단지처럼 보이기 위해 일부러 101동 숫자를 사용하는 것일 수도 있습니다.

새로운 단어

삼국시대	한반도	전파	입식
아궁이	솥	빼곡하다	중산층
인식하다	요인	호	대단지
대규모	들어서다		

MEMO

14

짙에서 쓰레기는
어떻게 버려요?

쓰레기 버리기 / 카페에서

학습 목표

1. 한국에서 쓰레기 버리는 방법을 알아본다.
2. 한국의 환경 정책에 대해 알아본다.

14 집에서 쓰레기는 어떻게 버려요?

 쓰레기 버리기

응우옌 집에서 집들이를 한 후

제시 : 치킨 잘 먹었다~ 집에서 먹으니까 더 맛있는 것 같아. 정리는 내가 할게.

응우옌 : 고마워. 그런데 분리수거를 해야 돼.

제시 : 그 정도는 나도 알지. 페트병 따로, 종이 따로, 음식물 쓰레기 따로 버리는 거 맞지?

응우옌 : 맞아. 그런데 닭 뼈는 음식물 쓰레기 아니고 일반 쓰레기에 버려야 돼.

제시 : 그래? 그건 몰랐어. 그럼 다른 쓰레기는 치킨 배달 봉투에 넣으면 되지?

응우옌 : 그냥 배달 봉투 아니고 종량제 봉투에 버려야 돼.

제시 : 종량제 봉투? 그게 뭐야?

응우옌 : 쓰레기를 버릴 수 있는 봉투인데 마트나 편의점에서 사야 돼.

제시 : 쓰레기를 버리기 위해서 봉투를 사야 하는구나.

응우옌 : 응. 기숙사 살 때는 나도 몰랐어. 그런데 이 봉투에 안 넣으면 쓰레기를 들고 가지 않아.

제시 : 그렇구나. 그런데 매번 쓰레기를 버릴 때마다 봉투를 사면 돈이 많이 들 것 같아.

응우옌 : 그래서 쓰레기를 적게 버리려고 노력 중이야.

　　　　그러다 보니 환경도 생각하게 되고.

제시 : 쓰레기 봉투 값도 아끼고 환경도 생각하면 일석이조네!

응우옌 : 그렇지! 2차로 커피 마시러 가자. 집 근처에 예쁜 카페가 있어.

제시 : 커피 좋지! 그럼 빨리 정리하고 가자.

종량제 봉투

한국에서는 1995년 세계 최초로 쓰레기봉투를 사서 버리는 '쓰레기 종량제'가 실시되었습니다. 산업화로 도시에 인구가 많아지고 쓰레기 배출량이 늘어나자 환경오염 문제도 심각해졌습니다. 그러자 정부는 쓰레기양에 맞는 봉투를 사서 버리는 '종량제'를 실시하게 된 것입니다. 처음에는 쓰레기를 돈을 내고 버린다는 반대도 있었지만 '종량제' 이후 쓰레기 배출량이 40% 감소하게 되었고 분리수거, 재활용 비율도 높아지게 되었습니다. 현재 한국에서는 각 지역의 시, 구에서 판매하는 봉투를 사서 쓰레기를 버려야 합니다. 봉투 가격은 지역과 봉투 크기에 따라서 다릅니다.

 카페에서

두 사람은 카페에 갔다

제시 : 와~ 응우옌 말대로 카페가 정말 예쁘네.

응우옌 : 그치? 제시, 뭐 마실래? 커피랑 케이크도 같이 먹자.

제시 : 정말? 그럼 나는 아아! 아이스 아메리카노! 너는?

응우옌 : 나는 아라! 아이스 라떼. 내가 주문할게. 저기요~

종업원 : 네~ 고객님. 드시고 가실 거예요?

응우옌 : 네. 먹고 갈 건데요. 아이스 아메리카노 한 잔, 아이스 라떼 한 잔 주세요.

종업원 : 매장 이용하시면 머그컵에 제공됩니다. 다른 거 더 필요하신 거 있으세요?

응우옌 : 치즈 케이크도 하나 주세요. 카드로 계산할게요.

종업원 : 네, 결제되었고요. 준비되면 진동벨로 알려 드릴게요. 감사합니다.

응우옌 : 감사합니다.

 환경 정책

한국에서는 환경을 위해서 커피숍, 식당 등에서 일회용품 사용을 자제하고 있습니다. 종이컵, 플라스틱 빨대, 나무젓가락 등의 일회용품은 커피나 음식 등을 포장해 가는 손님에게 제공됩니다. 일부 카페의 경우 개인 컵(텀블러)을 가지고 가면 할인을 해주는 곳도 있습니다. 또 편의점, 마트에서는 비닐봉지, 종이봉투를 유상으로 판매하거나 제공하지 않기도 합니다. 개인 장바구니를 준비해서 가면 환경도 보호하고 봉투 비용도 아낄 수 있습니다.

새로운 단어

분리수거	음식물 쓰레기	봉투	일석이조
산업화	배출량	환경오염	반대
감소	재활용	비율	매장
머그컵(잔)	진동벨	플라스틱	일회용품
유상	판매		

알아두면 도움 되는 정보
봉투와 쓰레기통

한국 봉지는 왜 검은색이에요?

한국의 비닐봉지 중에서는 검정색이 있습니다. 검정색 봉지는 안의 내용물이 보이지 않기 때문에 주류, 위생용품이나 생선 등을 살 때 제공됩니다. 그러나 검정색뿐만 아니라 다른 비닐 봉투는 모두 화학물질로 만들어져서 최소 20년에서 100년까지 썩지 않는다는 단점이 있습니다. 그래서 현재는 환경을 위해서 비닐봉지 사용을 최소화하려고 노력하고 있습니다.

한국 길에는 왜 쓰레기통이 많이 없어요?

한국의 길에서는 점차 쓰레기통을 없애고 있습니다. 가장 큰 이유는 불법투기 때문입니다. 쓰레기 종량제 실시 이후 가정의 쓰레기를 집 밖에 버리는 사람들이 생기게 되었습니다. 한국의 길에는 큰 쓰레기통 대신 버스 정류장 등에 작은 쓰레기통이 있습니다. 또 버스 안이나 지하철역 안에 쓰레기통이 있습니다. 만약 커피 등을 마시고 버릴 곳이 없으면 근처 역의 쓰레기통에 버리면 됩니다.

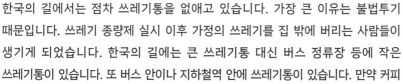

한국에는 왜 그렇게 커피숍이 많아요? 한국 사람은 왜 커피를 좋아하지요?

　한국인의 1인당 커피 소비량은 2018년 기준으로 일 년에 355잔으로 세계 평균 소비량인 132잔의 약 2.7배이다. 이것은 미국, 중국에 이어서 세계 3위이다. 이것만 봐도 한국인들은 커피를 아주 많이 마시는 것을 알 수 있다.

　그럼 한국인은 언제부터 이렇게 커피를 좋아하게 되었을까? 한국인 중 최초로 커피를 마신 사람은 조선의 마지막 왕인 고종으로 알려져 있다. 당시 커피는 서양에서 온 것이었기 때문에 부자나 지위가 높은 사람만 마실 수 있었다. 이때 커피를 마실 수 있는 곳은 '다방'으로 불렸는데 한국 최초의 다방은 1902년 서울 중구 한 호텔에 처음 생겼다. 한국 전쟁 이후에는 미군들이 마시던 인스턴트 커피가 대중들에게도 전해졌지만 이때도 커피는 부자들이 소비하는 고급 식품이었다. 1980년대 이후부터 지금의 커피숍인 '다방'이 점차 늘어나기 시작했고 1990년대 이후에는 커피가 대중화되기 시작했다. 이때 커피는 '타 먹는 커피'였다. 커피 가루에 물, 설탕 등을 넣고 물을 부어서 마셨다. 그러면서 '커피 믹스'도 큰 인기를 얻었다. '타 먹는 커피'는 물만 부으면 되기 때문에 '빨리빨리'를 좋아하는 한국인들에게 가장 적합했다. 또 당시에는 커피자판기도 많이 이용했는데 커피 가격은 한 잔에 100원에서 200원 정도였다. 2000년대에 들어서면서 한 잔에 3,000~5,000원이 넘는 커피를 마시게 되었다. 이때는 국민 소득이 증가하고 스타벅스와 같은 해외 커피 가게가 한국에 들어오면서 사람들은 커피가 비싸도 '한 잔의 즐거움'이라고 생각하고 마시게 되었다. 또 커피숍을 하나의 공간으로 생각하여 지금은 카페에서 공부를 하거나 일을 하는 모습도 자주 볼 수 있다. 한국의 커피숍은 2018년 기준으로 약 1만 5천 개로, 한식, 치킨 가게에 이어서 가장 많다.

그럼 한국 사람들은 왜 이렇게 커피를 좋아할까? 여기에는 여러 가지 이야기가 있다. 우선, 과로가 많아서 카페인이 필요하기 때문이라는 말이 있다. 또 술 중심의 회식 문화가 카페 중심으로 바뀌어서 그렇다는 말도 있다. 또는 개인주의 사회에서 따뜻한 커피가 필요하다는 말도 있다. 한 건축 전문가는 한국의 도시에는 공원, 의자가 많이 없어서 카페를 찾는 사람들이 많다고도 한다. 이제는 크고 작은 카페가 전국 곳곳에 있어서 커피는 한국의 또 다른 문화가 되었다.

알면 알수록 재미있는 한국 문화
얼죽아

한국에는 계절과 상관없이 차가운 물과 커피를 마시는 사람들이 있다. 한겨울에 눈이 내리는 길에서 아이스 커피를 손에 들고 있는 사람들을 쉽게 볼 수 있다. 또 겨울에 식당에 가면 차가운 물을 주는 것을 볼 수 있다. 최근에는 '얼죽아'라는 신조어도 생겼는데 '얼죽아'는 '얼어 죽어도 아이스'를 말한다. 실제로 한국의 한 커피 회사에 따르면 2022년 전체 판매 음료수 중에서 아이스 음료가 76% 이상 팔렸다고 한다. 커피숍 관계자는 '아이스 아메리카노'가 마시기 편하고 맛있기 때문에 많이 팔린 것 같다고 했다. 또 한국은 겨울에도 실내 난방 때문에 따뜻해서 차가운 음료수를 마시고 싶어 하는 것 같다고도 했다. 하지만 모든 사람들이 차가운 음료를 좋아하는 것은 아니다. 한 커피숍에 따르면 20대와 30대는 아이스 음료를 좋아하지만 40대 이상부터는 따뜻한 음료를 더 선호한다고 했다. 또 식당에서도 나이가 있는 사람들은 따뜻한 물을 찾는다. 만약 겨울에 한국 식당에서 따뜻한 물을 마시고 싶다면 종업원에게 달라고 하면 된다.

화학물질	썩다	최소화	불법투기
고종	대중화	(커피를) 타다	커피 믹스
적합하다	커피 자판기	국민 소득	과로
카페인	개인주의	건축	신조어

15

한국에서
공연을 즐겨요

남산골 한옥마을에서 / 국악 /
한국의 축제 / 콘서트 표 예매하기

학습 목표

1. 한국 전통 공연에 대해서 알아본다.
2. 한국의 축제에 대해 알아본다.

15 한국에서 공연을 즐겨요

 남산골 한옥마을에서

지하철 충무로역에서 제시와 민희가 만났다.

제시 : 충무로역 4번 출구로 나와서 100m쯤 걸으면 나온다고 했는데…

민희 : 제시~ 여기야~ 여기! 잘 찾아왔네.

제시 : 민희가 알려준 대로 찾아서 왔지. 그런데 오늘 한옥마을에 간다고?
나는 서울에 한옥마을은 북촌에만 있는 줄 알았어. 남산에도 있는 줄 몰랐어.

민희 : 남산에도 한옥마을이 있어. 사실은 나도 오늘 처음 가 봐.
가까이에 있으니까 오히려 더 안 가게 되는 거 있지.

제시 : 그럼 오늘은 민희도 여행하는 사람이구나. 우리 둘 다 처음이니까 더 재미있을 것 같아.

민희 : 여기는 입장료가 무료네. 안에 정원은 24시간 개방되어 있대.

제시 : 그렇구나. 정원이랑 정자가 정말 예쁘다. 저기 남산 국악당이 있어.
공연하는 곳 같은데 가 보자.

민희 : 공연장에는 카페도 있고 공연도 볼 수 있네. 마침 오늘 전통 공연이 있어.
마지막 수요일이라서 무료라고 하는데 보고 갈까?

제시 : 좋지. 그리고 아까 보니까 전통 놀이 체험하는 곳도 있더라.
우리 공연 보고 나서 체험도 해 보자.

한국의 전통 음악을 국악이라고 한다. 국악은 크게 궁에서 사용된 음악과 민속 음악으로 나눌 수 있다. 궁에서 사용된 음악으로는 종묘제례악이 있다. 조선시대에 이전의 왕과 왕비를 모신 종묘에서 제사를 지낼 때 무용과 노래와 악기를 사용하여 음악을 연주했는데 이를 종묘제례악 또는 종묘악이라고 하였다. 민속음악에는 민중들이 생활 속에서 자연스럽게 부른 민요가 있는데 민요는 각 지방마다 다르다. 지역에 따라 경기민요, 남도민요 등으로 부른다. 판소리는 소리꾼 한 명과 고수 한 명이 이야기를 음악으로 풀어낸다. 판소리는 [춘향가], [심청가] 등이 있다. 또 4개의 악기(꽹과리, 장구, 북, 징)를 연주하는 사물놀이도 있다. 그리고 탈을 쓰고 춤을 추는 탈춤도 있는데 탈춤도 지역에 따라서 특징이 다르다. 또 부채를 양손에 들고 추는 부채춤도 있다.

사물놀이

판소리

탈춤

부채춤

더 알아보기 1

문화가 있는 날

문화가 있는 날은 시민들이 문화를 쉽게 접할 수 있도록 매달 마지막 수요일이나 해당 주간에 다양한 문화혜택을 제공하는 날입니다. 문화가 있는 날에는 영화관, 공연장, 박물관, 미술관, 문화재 등 전국 2천여 개의 문화시설을 할인받아서 입장하거나 무료로 들어가서 여러 가지 문화 행사를 즐길 수 있습니다. 또 일부 문화시설은 직장인이 퇴근 후에 이용할 수 있도록 야간 개방을 하는 곳도 있습니다.

영화 관람	공연 관람	문화재 관람	스포츠 관람
전국 주요 영화관 할인 17:00~21:00	국립극장, 예술의 전당 등 주요 공연장 할인	경복궁, 창덕궁 등 4대 궁과 종묘 등 할인 또는 무료입장	한국 프로농구, 야구 등의 관람료 50% 할인

※ 문화가 있는 날: www.culture.go.kr

한국은 계절에 따라서 축제가 열린다. 봄에는 꽃 축제가 전국에서 열리는데 가장 유명한 것은 '진해 군항제'이다. 도시 전체에 벚꽃이 있어서 아주 환상적이다. 여름에는 바다가 있는 도시에서 축제가 많이 열린다. 특히 부산에는 '바다축제'가 있는데 수상 레포츠 체험, 콘서트 등 다양한 볼거리가 있다. 가을은 단풍의 계절이라 산에 가도 좋지만 도시에서는 단풍만큼 멋진 불꽃을 볼 수 있다. 서울은 10월, 부산에서는 11월에 불꽃 축제를 즐길 수 있다. 겨울에는 추운 계절에 맞게 강원도에서 축제가 많이 열린다. '산천어 축제', '빙어 축제' 등을 만날 수 있다. 그 외에도 음악 페스티벌도 있고 영화 축제도 있다. 영화 축제는 5월에 하는 전주국제영화제, 10월에 하는 부산국제영화제가 가장 유명하다. 음악 페스티벌이나 국제영화제는 표를 빨리 예매해야 된다.

진해군항제

부산국제영화제

보령머드축제

서울불꽃축제

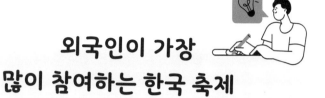

외국인이 가장 많이 참여하는 한국 축제

보령머드축제는 충남 보령에서 생산되는 머드(진흙)를 주제로 체험과 다양한 놀이를 즐길 수 있는 축제입니다. 보령시에는 136km의 긴 해안선을 따라 진흙이 펼쳐져 있습니다. 이 진흙은 게르마늄, 칼륨 등이 포함되어 있어서 피부미용에 효과가 뛰어난 것으로 알려졌습니다. 때문에 보령시는 대천해수욕장에 장소를 만들어서 여름에 해수욕장 개장에 맞춰서 축제를 진행하고 있습니다. 1998년에 처음 개최된 보령머드축제는 매년 7월 중순부터 10일간 열립니다. 2010년부터 '대한민국 대표축제'가 되었고 국내 축제 중에서 외국인이 가장 많이 참여하는 축제로 알려져 있습니다. 보령머드축제는 축하공연, 가요제, 머드 체험 행사 등의 다양한 볼거리, 즐길 거리가 있습니다.

△△ 단독 콘서트 예매일정…성공 꿀팁은?

가수 △△이 3년 5개월 만에 오는 4월에 단독 콘서트를 개최한다.

지난 3일 ★엔터테인먼트 측은 가수 △△의 첫 번째 단독 콘서트가 오는 4월 1~2일 서울 공원에서 열린다고 전했다. 공연 티켓 예매는 인터넷 예매 사이트를 통해 할 수 있다. 티켓 가격은 전석 150,000원으로 지정석이다. 예매 일정은 3월 6일 밤 8시에는 팬클럽 선예매가, 3월 8일 밤 8시에는 일반 예매가 있다. 또한 팬들 사이에서는 티켓팅 성공 팁이 공유되고 있다. 팬들은 "마우스 클릭 연습을 하는 것이 좋고, 티켓 예매순서도 미리 익히는 게 좋다. 회원가입은 미리 해둔 후 로그인하고 서버 시계를 알 수 있는 사이트에 접속해 서버 시간을 확인해야 한다."라고 조언했다.

콘서트 표 신조어

올콘	온콘	티케팅	피케팅
All concert 모든 콘서트를 다 보는 것	on-line concert 온라인으로 콘서트 보는 것	Ticketing 표를 사는 것	血+ticketing 표 사는 것이 어렵다
취케팅	**포도알**	**이선좌**	**예대**
취소표+ticketing 다른 사람이 취소한 표를 사는 것	예매창에서 선택할 수 있는 좌석(보라색이라서 포도알)	'이미 선택된 좌석입니다.'의 줄임말	예매 대기
관크	**MD**	**선예매**	**전석**
관객 크리티컬(critical) 공연장, 극장에서 관람을 방해하는 사람	상품, 굿즈 (goods) 머천다이즈 (Merchandise)	미리 표를 사는 것	전체 좌석

※ 인터파크티켓 tickets.interpark.com 멜론 티켓 ticket.melon.com
예스 24 티켓 ticket.yes24.com 옥션 www.auction.co.kr

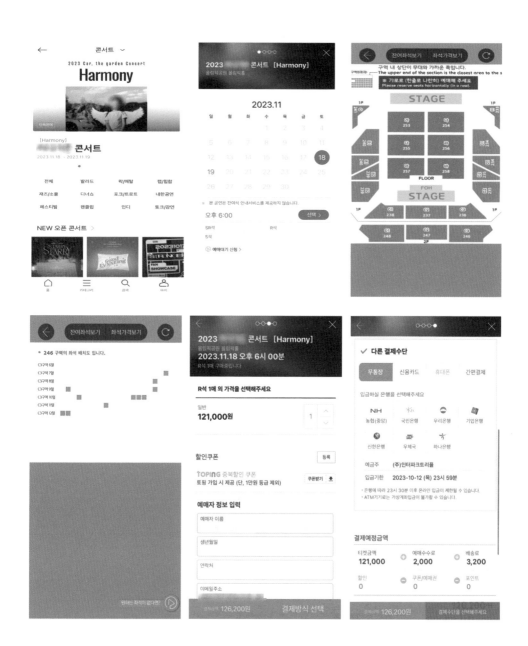

알면 알수록 재미있는 한국 문화
한국 대학 축제

대체로 5월이나 10월에는 대학교에서 축제가 열립니다. 학교마다 축제 이름은 다르지만 많은 대학들이 '대동제'라는 이름으로 축제를 엽니다. '대동제'는 다 함께 어울려서 화합한다는 뜻이 있습니다. 대학교 축제는 시대에 따라서 조금씩 다릅니다. 60년대부터 80년대에는 전통문화인 탈춤, 씨름, 줄다리기, 마당극 등의 행사가 주로 진행되었습니다. 또 문학회, 학술제, 미인 선발대회 등도 열렸습니다. 90년대 이후에는 대중문화의 발전과 함께 술을 마시는 주점, 장터 등이 활발하게 펼쳐졌고 밴드 공연, 초대 가수 무대 등도 있었습니다. 2000년대 이후에는 학생 공연과 초대 가수 공연으로 진행되는 것이 일반적입니다. 때문에 대학교 축제 시기가 되면 어느 학교에 어떤 가수들이 오는지가 가장 큰 관심사입니다. SNS에는 전국 대학 축제의 가수 공연 일정이 공유되기도 합니다.

새로운 단어

남산	오히려	정원	개방
정자	국악당	전통 놀이체험	궁
종묘	제사	민중	자연스럽다
민요	소리꾼	고수	탈
부채	접하다	야간	단독
엔터테인먼트	전석	지정석	공유되다
익히다	서버	조언하다	

자료 도움

1과

문화체육관광부 해외문화홍보원 – 나의 한국 핸드폰

  https://www.kocis.go.kr/koreanet/view.do?seq=1012332&RN=1

찾기쉬운 생활법령정보 → 외국인 유학생 → 이동전화 등의 가입 및 이용

  https://easylaw.go.kr/CSP/CnpClsMain.laf?popMenu=ov&csmSeq=508&
  ccfNo=3&cciNo=5&cnpClsNo=2

2과

법제청 – 국가법령정보센터

출입국관리법 시행규칙 [시행 2023. 6. 30.] [법무부령 제1054호, 2023. 6. 30., 일부개정]

  https://www.law.go.kr/lsBylInfoPLinkR.do?bylCls=BF&lsNm=%EC%B6%9
  C%EC%9E%85%EA%B5%AD%EA%B4%80%EB%A6%AC%EB%B2%95+%EC%
  8B%9C%ED%96%89%EA%B7%9C%EC%B9%99&bylNo=0034&bylBrNo=00

법무부 출입국.외국인정책 본부 → 신형외국인등록증 발급(2023.4.1부터)

  https://www.immigration.go.kr/immigration/1564/subview.do?enc=Zm
  5jdDF8QEB8JTJGYmJzJTJGaW1taWdyYXRpb24lMkYyMjAlMkY1NjkwMD
  MlMkZhcnRjbFZpZXcuZG8lM0ZwYXNzd29yZCUzRCUyNnJnc0JnbmRlU3
  RyJTNEJTI2YmJzQ2xTZXElM0QlMjZyZ3NFbmRkZVN0ciUzRCUyNmlzVm
  lld01pbmUlM0RmYWxzZSUyNnBhZ2UlM0QxJTI2YmJzT3BlbldyZFNlcSU
  zRCUyNnNyY2hDb2x1bW4lM0QlMjZzcmNoV3JkJTNEJTI2

찾기쉬운 생활법령정보 → 외국인 유학생 → 금융거래

  https://easylaw.go.kr/CSP/CnpClsMain.laf?popMenu=ov&csmSeq=508&
  ccfNo=3&cciNo=3&cnpClsNo=1&menuType=cnpcls&search_put=

3과

찾기쉬운 생활법령정보 → 외국인 유학생 → 아르바이트:시간제 근로

 https://easylaw.go.kr/CSP/CnpClsMain.laf?popMenu=ov&csmSeq=508&ccfNo=3&cciNo=7&cnpClsNo=1&search_put=

찾기쉬운 생활법령정보 → 외국인 유학생 → 건강보험의 가입

 https://www.easylaw.go.kr/CSP/CnpClsMain.laf?csmSeq=508&ccfNo=3&cciNo=6&cnpClsNo=2

5과

한국민족문화대백과사전 → 목욕탕

 https://encykorea.aks.ac.kr/Article/E0018658

문화재청 → 문화재사랑 → 우리 선조의 목욕문화

 https://www.cha.go.kr/cop/bbs/selectBoardArticle.do?nttId=15786&bbsId=BBSMSTR_1008&pageUnit=10&searchtitle=title&searchcont=&searchkey=&searchwriter=&searchWrd=&searchUseYn=&searchCnd=&ctgryLrcls=&ctgryMdcls=&ctgrySmcls=&ntcStartDt=&ntcEndDt=&mn=NS_01_09_01

문화체육관광부 해외문화홍보원 → 코리아넷뉴스 → 한국의 찜질방

 https://www.kocis.go.kr/koreanet/view.do?seq=5446

6과

문화체육관광부 해외문화홍보원 → 카드뉴스 → '한국 배달 문화의 역사' 월간 코리아 8월호

 https://www.kocis.go.kr/promotionContent/view.do?seq=1038937&RN=1

7과

국립한글박물관

 https://www.hangeul.go.kr/main.do

서울사랑 → 내친구서울 → 한글 이야기

 https://love.seoul.go.kr/asp/articleView.asp?intSeq=4918

8과

찾기쉬운 생활법령정보 → 외국인 유학생 → 운전면허취득

https://www.easylaw.go.kr/CSP/CnpClsMain.laf?popMenu=ov&csmSeq=
508&ccfNo=3&cciNo=4&cnpClsNo=2&search_put=

따릉이

https://www.bikeseoul.com/

9과

문화재청 국가문화유산포털 → 유네스코 등재유산 → 한국의 인류무형문화유산 → 김장문화

https://www.heritage.go.kr/heri/html/HtmlPage.do?pg=/unesco/
CulHeritage/CulHeritage_16.jsp&pageNo=5_3_2_0

10과

한국민족문화대백과사전 → 라면

https://encykorea.aks.ac.kr/Article/E0017232

한국민족문화대백과사전 → 즉석식품

https://encykorea.aks.ac.kr/Article/E0068463

11과

한국민족문화대백과사전 → 철도

https://encykorea.aks.ac.kr/Article/E0056112

국토교통부 → 철도산업정보센터 → 철도박물관

http://www.kric.go.kr/jsp/board/portal/sub06/cyberRailMuseum.jsp?q_
type=his02-1

12과

서울한옥포털 → 한옥자료

https://hanok.seoul.go.kr/front/kor/info/infoHanok.do?tab=1

경북 나드리 → 영주 무섬마을

https://tour.gb.go.kr/tip/storyView.do?idx=17549

13과

하이코리아 → 체류지변경 신고 의무

> https://www.hikorea.go.kr/info/InfoDatail.pt?CAT_SEQ=197&PARENT_
> ID=146

문화체육관광부 해외문화홍보원 → 코리아넷뉴스 → 한국에서 집구하기: 당신을 위한 팁

> https://www.kocis.go.kr/koreanet/view.do?seq=1012960

찾기쉬운 생활법령정보 → 외국인 유학생 → 거주형태

> https://www.easylaw.go.kr/CSP/CnpClsMain.laf?popMenu=ov&csmSeq=
> 508&ccfNo=3&cciNo=2&cnpClsNo=1&search_put=

14과

서울정책 아카이브 → 쓰레기종량제

> https://www.seoulsolution.kr/ko/content/%EC%93%B0%EB%A0%88%EA
> %B8%B0-%EC%A2%85%EB%9F%89%EC%A0%9C

환경부 → 카드뉴스 → 종량제봉투로 가야 할 쓰레기 6가지

> https://www.me.go.kr/home/web/board/read.do?menuId=10392&board
> MasterId=713&boardId=1400740

15과

문화체육관광부 국가문화유산포털 → 문화재 검색 → 종묘제례악 / 판소리 / 사물놀이

> https://www.heritage.go.kr/heri/cul/culSelectDetail.do?ccbaKdcd=17&c
> cbaAsno=00010000&ccbaCtcd=11&pageNo=1_1_1_0

외국인 유학생을 위한 슬기로운 한국생활

초판발행	2024년 1월 17일
지은이	이현주
펴낸이	안종만·안상준
편 집	소다인
기획/마케팅	박부하
디자인	BEN STORY
제 작	고철민·조영환
펴낸곳	(주)**박영사**
	서울특별시 금천구 가산디지털2로 53, 210호(가산동, 한라시그마밸리)
	등록 1959.3.11. 제300-1959-1호(倫)
전 화	02)733-6771
f a x	02)736-4818
e-mail	pys@pybook.co.kr
homepage	www.pybook.co.kr
ISBN	979-11-303-1878-3 03710

copyright©이현주, 2024, Printed in Korea

정 가   17,000원